KB142415

독서가 밥 먹여준다

독서가 밥 먹여 준다
(행복한 아이를 만드는 독서지도 베이스 캠프)

[교실밖 교과서®] 시리즈 **NO.29**

지은이 | 윤선희
발행인 | 김경아

2019년 11월 6일 1판 1쇄 인쇄
2019년 11월 13일 1판 1쇄 발행

이 책을 만든 사람들
책임 기획 | 김경아
기획 | 홍정욱
북 디자인 | 김효정
교정 교열 | 주경숙
제목 | 구산책이름연구소

이 책을 함께 만든 사람들
종이 | 제이피씨 정동수 · 정충엽
제작 및 인쇄 | 천일문화사 유재상

펴낸곳 | 행복한나무
출판등록 | 2007년 3월 7일. 제 2007-5호
주소 | 경기도 남양주시 도농로 34, 부영e그린타운 301동 301호(다산동)
전화 | 02) 322-3856 팩스 | 02) 322-3857
홈페이지 | www.ihappytree.com
도서 문의(출판사 e-mail) | e21chope@hanmail.net
내용 문의(지은이 e-mail) | yl5772@naver.com
※ 이 책을 읽다가 궁금한 점이 있을 때는 지은이 e-mail을 이용해 주세요.

ISBN 979-11-88758-17-3
"행복한나무" 도서번호 : 118

:: [교실밖 교과서®] 시리즈는 "행복한나무" 출판사의 청소년 브랜드입니다.

독서가 밥 먹여준다

| 윤선희 지음 |

| 프롤로그 |

독서는 세상을 진화시킨다

"뿌리 깊은 나무는 바람에 흔들리지 않고
샘이 깊은 물은 가뭄에 마르지 아니한다."

《용비어천가》에 나오는 이 글귀 하나가 아이들에게 독서습관을 갖게 해야 하는 이유를 말해준다고 생각한다. 이 책의 모든 이야기는 결국 나의 그리고 우리 아이를 '뿌리 깊은 나무'와 '샘이 깊은 물'처럼 키우고 싶다는 열망을 풀어낸 것이기 때문이다.

세상은 농업혁명, 산업혁명, 정보화 시대 등 여러 가지 이름으로 진화해왔고 지금도 무한히 진화 중이다. 어른인 우리는 확실하지 않은 미래에 대한 불안으로 우왕좌왕하는 와중에 아이들을 교육해야 한다는 중대한 역할까지 맡고 있다.

뿌리 깊은 나무가 바람에 흔들리지 않는다는 말을 증명하듯 혼돈 속에서도 잘 자라는 아이들이 있다. 이 아이들은 어떠한 환경 속에서도 자신만의 창조적인 에너지로 세상을 바꾸려고 노력하며, 어른이 된 후 한결같이 '독서'의 중요성에 대해 말한다.

괴테는 책을 읽는 것이 수많은 고상한 사람과 대화를 나누는 것과 같다고 했고, 투자가로 잘 알려진 워렌 버핏은 인생을 바꿀 수 있는 위대한 비책이 독서라고 했다. 한 분야에서 빛나는 수많은 사람들이 삶에 있어서 독서가 중요했다고 입을 모은다.

책은 100년 전의 어느 날 일어났던 일을 전하기도 하고, 전통 음식의 요리법을 알려주기도 하며, 누군가의 머릿속 상상으로 지어낸 이야기에 빠져 행복하게 만들기도 한다. 내 아이에게 세상의 모든 지식을 알려줄 수 없거든, 세상 모든 곳에 데려갈 수 없거든, 세상 모든 사람들을 만나게 할 수 없거든 책을 읽게 하라고 말하는 이유도 이것일 것이다. 그런 의미에서 책은 스스로 진화할 수 있도록 돕는 최상의 선물인 셈이다.

서점에 들려 베스트셀러 제목만 쭉 훑어봐도 요즘 사람들이 무엇에 관심이 두는지 알게 된다. 인물에 관한 책을 읽다 보면 삶의 태도에 대해 배우게 되며, 시를 읽다 보면 아름다운 언어에 대해 생각할 수 있게 된다. 여러 책을 통해 작가의 생각과 내 생각이 부딪히면서 나를 감싸고 있던 고정관념들이 깨지는 혼란을 겪게 되지만 다시 새로운 생각들로 충만해진다. 다양한 방식을 통해 이렇게 새롭게 알게 된 것들 덕분에 삶은 더욱 풍성해질 것이다.

독서습관을 들이는 쉬운 길이 있다. 모든 것을 놀이처럼 여기는 어린 시절부터 읽기의 즐거움을 알려주면 된다. 읽기를 즐거운 습관으로 만드는 교육방법은 따로 있다. 일명 '보여주기 교육'인데, 말로 가르치는 것이 아니라 가슴에 각인될 수 있도록 생활 속에서 보여주는 교육을 말한다. 아이들에게 부모가 독서하는 모습을 보여주고, 책을 읽고 대화를 나누며 즐거웠던 기억을 심어 유산처럼 남기는 교육방법이다.

이 책이 그런 유산을 남겨줄 수 있는 책이 되길, 그리하여 아이들에게 평생 선물이 될 독서습관을 건넬 수 있기를 바란다. 아이를 키우는 우리 자신의 읽기에 대해서도 생각해볼 기회가 된다면 더 바랄 게 없겠다. 아이는 물론이고 이 책을 읽는 우리도 진화의 진통을 겪으며 현재와 미래를 살아가야 하기 때문이다. 인생이 숙제라면, 어쩌면 책만 한 해답지도 없지 않을까?

차례

2부 독서불패론, 내 아이를 망친다

3부 독서교육에도 철학이 필요하다

4부 아이와 꼭 해봐야 하는 7가지 독서전략

5부 세상에 하나밖에 없는 엄마표 독서감상문은 이거다

〈책 속의 책〉

초보 엄마들이 궁금해하는 **10가지 케이스 스토리**

1부.

독서는 생존전략이다

다가오는 모든 혁명시대를 이기는 독서의 힘

흔히들 교육을 백년지대계라고 한다. 교육이 백년을 바라보며 세워야 하는 크고도 중요한 일이라는 의미일 것이다. 이것은 개인뿐만 아니라 국가에 있어서도 마찬가지다. 과거에는 물론이고 현재에 와서도 국가의 경쟁력, 특히나 우리나라처럼 자원이 부족하고, 남북으로 나뉜 특수상황에 놓인 나라에서는 교육을 통한 인재양성이 국가의 경쟁력을 높이는 유일한 방법이라고 믿었다. 그렇게 교육에 열과 성을 다한 결과 우리나라의 국가 경쟁력과 위상이 나날이 높아진 것 또한 사실이다.

그러나 국가의 위상과 경쟁력이 높아진 지금도 모두가 가난했고 무지했던 시대처럼 우물 안 개구리로 살고 있는 것은 아닌가 하는 염려를 떨쳐버릴 수 없다. 우물 안에서 보이는 하늘이 세상의 전부라고만 생각하고 있는 것 같아 답답하다. 우리는 어렸을 때부터 공부를 열심히 하면 우물 밖으로 나와 새로운 세상을 만나게 될 거라는 희망의 메시지를 들으며 자랐다. 선생님들의 말씀대로 열심히 국, 영, 수를 공부하고, 학교에서 하지 말라는 일을 하지 않으면 풍요로운 미래를 맞을 거라는 성실함을 강요받았는지도 모른다. 그러나 어른이 된 후 그것이 정답이 아니라는 것을 알아버렸다. 아쉬운 것은 정답이 아니라는 건 알았지만 정확한 답이 무엇인지는 아직 모르며, 정답이 존재하는지조차 의심스럽다는 점이다.

그런 우리가 부모가 되어 아이 교육을 위한 최상의 방법을 찾아 기웃거리고 있다. 누군가는 경제적인 여유가 있어 교육 전문가들의 힘을 빌려 자녀들에게 우물 밖으로 나가는 방법을 알려주려고 하고, 누군가는 태어나면서 자신의 밥그릇은 다 갖고 태어난다는 믿음으로 자유로운 교육을 추구하고, 누군가는 부모 스스로 노력하려 이 책을 읽고 있을 것이다.

어떤 방법이든 괜찮다. 어쩌면 그보다 중요한 게 내가 받았던 교육, 내가 믿었던 교육방법들에 대해 생각해보는 것일지도 모른다. 그동안 신봉했던 교육방법들을 비판적인 시각으로 바라보자. 옳고 그름을 정확히 따지지는 못하더라도 교육의 목표와 더 나은 교육방법에 대해 생각해야 한다. 아이에게 전하고 싶은 삶의 가치와 교육의 목표를 정리하지 않고 자녀를 교육하는 것은 면허도 없으면서 차부터 사는 것과 다르지 않다.

"생각이 바뀌면 행동이 바뀌고,
행동이 바뀌면 습관이 바뀌고,
습관이 바뀌면 인격이 바뀌고,
인격이 바뀌면 운명까지도 바뀐다."

미국의 철학자 윌리엄 제임스가 한 이 말을 몇 번이고 되뇌길 바란다. 우리의 생각이 바뀌어야 운명도 바꿀 수 있다. 그러기 위해서 우리의 생각이 어떻게 바뀌어야 할지를 고민해보자. 다들 4차 혁명시대를 대비하라고 말하지만 우리가 서 있는 현재의 변화조차 제대로 감지하지 못하고 있는 게 현실이다. 여기저기 산재해 있는 단순한 정보들을 통해 그려지는 미래의 모습에 불안만 가중될 뿐이다. 불안한 삶의 길을 헤쳐나갈 '무기'가 필요하다. 미래는커녕 당장의 삶의 방향을 찾는 무기조차 없는 형편이지 않은가. 내게 필요한 정보를 찾고, 그 정보를 내 삶에 적용하는 방법만 모르는 게 아니라 세상의 변화조차도 빠르게 감지하지 못하고 있다.

시대의 어떤 변화에도 대비할 수 있는 무기 중 하나로 '독서'를 권한다. '적어야 산다'는 '적자생존'이라는 우스개처럼 아이들에게 '독자생존' 즉 '읽어야 살 수 있다'는 무기를 장착시켜 주자. 자녀를 위해 노력하는 시간 동안 우리에게도 '독자생존'이라는 무기가 장착될 것이다. 독서가 가족 모두의 인생의 전환점이 될지도 모른다.

02

바담 풍이어도 바람 풍?
엄마가 독서가인 척이라도 해야 하는 이유

마이크로소프트를 설립한 빌게이츠, 애플 창업자인 스티브 잡스의 공통점은 뭘까? 돈이 많다, 창의적인 사람이다, 어마어마하게 성공했다 등의 공통점이 쉽게 떠오를 것이다. 누군가는 이 책이 독서와 관련되어 있으니 그런 종류의 답을 떠올릴 수도 있다. 정답이다!

"오늘의 나를 있게 한 것은 우리 마을의 도서관이었다. 하버드 졸업장보다 소중한 것은 독서하는 습관이다."

"세상에서 가장 좋은 것은 책과 초밥이다."

이 두 문장은 빌게이츠와 잡스가 한 말로 유명한 독서 관련 명언이다. 이들이 자신의 삶에서 독서를 얼마나 중요하게 여겼는지 알 수 있으며, 다른 많은 이들 역시 이 두 사람의 성공에 대해 이야기할 때마다 독서가 이들의 성공의 원천이라고 말한다.

"하루라도 독서를 하지 않으면 입안에 가시가 돋는다."

도산 안창호 선생님의 말씀이다. 독서하지 않는다고 실제로 입안에 가시가 돋지야 않겠지만 독서의 중요성을 강조하기 위한 표현이라는 건 분명하다. 이외에도 독서로 인해 삶이 달라졌다는 이야기는 끝도 없이 많다.

피카소, 레오나르도 다빈치, 아이슈타인, 에디슨, 톰 크루즈의 공통점은 뭘까? 역시나 깊이 생각하지 않아도 매우 창의적인 사람들이며, 성공했다는 공통점이 떠오른다. 그렇다면 이들도 독서를 좋아하고, 독서를 삶의 중요한 일로 추천할까?

이들의 다른 공통점을 안다면 그렇다고 답하기는 어려울 것이다. 앞선 두 사람과 마찬가지로 성공한 사람들이지만 이들은 모두 난독증을 가지고 있었다. 난독증(Dyslexia)은 듣고, 말하는 데는 별 어려움이 없지만 글을 유창하게 읽지 못하거나 글자를 인지하는 데 문제가 있는 증세를 말한다. 어렵게 노력하여 훗날 독서를 즐기게 되었을지도 모르지만 읽는 것 자체가 쉽지는 않았을 것이다. 이들의 천재적인 창의성이 난독증으로 책을 읽지 못했기 때문이라고 말하는 사람들도 있다. 다른 사람들의 영향을 받지 않아 독창적일 수 있었다는 해석이다.

이런 상반된 이야기는 우리를 혼란스럽게 한다. 자녀들에게 독서지도를 하고자 이 책을 읽는 경우라면 더 그렇다. 누군가는 독서가 삶을 변화시키고 성공하게 한 밑거름이라고 하고, 누군가는 책을 읽지 않아야 창의성을 가질 수 있다고 하니 갈팡질팡이다.

만약 여기까지 읽은 후 지금 '그럼 어쩌란 말이냐'며 혼잣말을 되뇌고 있다면 독서가 삶에 영향을 준 경험이 적은 경우일 게다. 어쩌면 최근에 독서한 경험이 전무할지도 모른다. 독서로 인해 삶의 변화를 느껴본 경험이 있다면 강한 반발심이 생길 것이기 때문이다.

독서가 교육의 핵심적인 화두가 된 지는 오래며 여전히 지속되고 있다. 나쁘지 않다. 어쩌면 독서는 인류가 가지고 있는 유일한 교육방법이며, 사회적 자본을 축적하는 최선의 방법일지도 모른다. 그러나 독서교육에 대한 생각의 변화만으로는 안 된다. 자녀교육에 있어서만큼은 자신의 경험과 실천이 없는 외침만으로는 문제가 있다.

옛날 한 서당에 마을의 존경을 받는 훈장님이 있었다. 이 훈장님은 혀가 좀 짧아 발음이 어설프다는 문제가 있었다. 그렇다 보니 훈장님이 수업할 때마다 웃지 못할 일이 생겼다. "내가 먼저 읽어볼 터이니 따라해보거라. 바담~ 풍" 아이들이 합창하듯 따라 읽는다. "바담~ 풍" 그러자 훈장님이 "어허, 바담 풍을 바담 풍이라고 읽어야지 그리 읽으며 되나" 하며 화를 낸다. "다시 잘 따라해보거라. 바담~ 풍" 그러자 아이들이 다시 합창하듯 외친다. "바담~ 풍" 훈장님이 또 화를 내자 아이 하나가 손을 들어 질문한다. “저희가 듣기에는 바담 풍으로 들립니다. 훈장님” 그러자 훈장님의 말씀 “내가 바담 풍을 바담 풍으로 읽어도 너희들은 바담 풍으로 읽어야 한다. 자, 다시 바담~ 풍”

독서교육 역시 이 이야기와 크게 다르지 않다는 생각이다. 독서로 인해 삶의 변화를 경험하거나 생활에 필요한 지식을 얻은 적이 없는 사람이 독서의 중요성을 외치는 것은 바담 풍을 외치는 훈장님과 같다.

교육(教育)의 정의를 다시 생각해보자. 교(教)는 본받음 效, 가르침 訓 등의 뜻이고, 육(育)은 한자 그대로 낳음 生 혹은 기름, 자람 成 등의 뜻이다. 본받음을 보이며 가르친다는 의미로 해석할 수 있다. 훈장님 자신은 바담 풍이라고 읽어도 아이들이 바람 풍이라고 읽기를 바라는 것은 가르침은 있으나 본받을 것이 잘못된 것이니 잘못된 교육으로 갈 수밖에 없다.

학부모 교육을 하기 위한 강의 첫 시간에 자주 하는 질문이 있다. 가방에 자신이 읽기 위한 책이 들어 있는지를 묻는다. 많아야 한두 명이다. 재차 오늘은 안 가져왔지만 책을 자주 읽는 분은 손을 들어보라고 하면 역시 거의 없거나 한두 명에 그치고 만다. 웅성거림 속에 너무 바쁘다거나 책 읽을 여유가 없다는 말들이 들려온다.

그렇다면 우리 아이들은 시간 여유가 있을까? 초등학생의 경우를 보자. 보통 아침 8시에 일어난 후 씻고, 아침을 먹고, 등교한다. 학교에서 일과를 보낸 후 학년마다 다르겠지만 3시쯤 집으로 하교한다. 가방을 내려놓고 간식을 먹고 나면 이때부터 이런저런 학원에 갈 것이다. 학원이 6시쯤 끝난다고 가정하면 저녁 먹고, 씻고, 학교나 학원 숙제를 한다. 엄마가 보는 텔레비전을 잠깐씩 같이 보거나 스마트폰이 있는 아이들은 눈치를 보며 게임을 한다. 이렇게 해서 10시나 10시 30분쯤 잠자리에 들면 하루가 끝난다.

당연히 아이마다 차이는 있겠지만 초등학생들의 시간 역시 엄마들이 보내야 하는 시간만큼이나 빈틈없이 빡빡하다. 이런 비교에서 잊지 말아야 하는 것 중 하나가 나이에 따라 체감하게 되고, 견딜 수 있는 시간이 다르다는 점이다. 모든 것을 동률로 비교해서는 안 된다. 아이들 역시 독서에 대한 질문에 바쁘다, 여유가 없다, 힘들다는 하소연을 할 수밖에 없다는 게 중요하다. 진심으로 자녀에게 평생 가는 독서습관을 키워주고 싶다면 일방적으로 독서하라고 지시하는 감독관이 아니라 부모 먼저, 함께 독서할 수 있는 독서가가 되자. 바담 풍으로 읽으며 바람 풍으로 읽길 바랄 수는 없는 노릇이지 않은가?

소곤소곤

나 역시 엄마이기에 할 일에 쫓겨 독서가 힘든 엄마들의 마음을 이해한다. 그래서 가끔은 '눈 가리고 아웅'이라고 욕먹을지도 모를 팁을 주곤 한다. 아침에 아이들을 등교시킨 후 하교시간 전까지는 마음껏 자신의 시간을 보내자. 놓쳤던 드라마도 챙겨서 보고, 지인들과 점심도 먹고, 청소도 하자. 그러다 아이가 하교하는 시간부터는 틈틈이 신문도 읽고, 책도 보고, 시도 읽으며 독서하는 모습을 보여준다. 보여주기식 방법이니 교육적으로는 좋지 않을 수 있다는 것을 인정한다. 재밌는 것은 이렇게 틈틈이 교육을 위한 쇼를 하는 엄마들이 서서히 읽기에 빠져든다는 점이다. 신문 보는 시늉만 하려고 했는데 읽다 보니 생활에 도움이 되는 기사를 발견하게 되어 관심을 가진다거나, 소설을 읽다 보니 손에서 뗄 수 없게 된다거나 하는 식으로 말이다. 거기다 늘 텔레비전만 보고, 숙제검사만 하는 엄마가 아니라 자기처럼 공부하는 엄마의 모습에 아이들은 존경의 눈빛을 보내기 시작한다. 만나는 사람들과의 대화 주제도 풍부해지니 금상첨화가 따로 없다. 집안일과 자녀교육 중 어느 것이 중요한지 생각해본다면 아이가 집에 있을 때와 없을 때의 모습이 달라져야 하는 이유 역시 이해할 수 있을 것이다.

독서가 싫은 아이가 자연스럽다

지금은 할머니가 된 내 어머니는 아이들에게 엄마인 내가 어린 시절 늘 책을 읽고 공부도 잘했다고 말하곤 하신다. 그런 소리를 들을 때마다 자랑스럽다기보다는 매우 어색하고, 쑥스러운 것은 과장된 게 많기도 하고, 내 행동들이 자의에 의한 것만은 아니었기 때문이다.

어린 시절 나라 전체가 너무나도 가난했던 탓에 새마을운동이니 혼식장려 같은, 어린아이의 삶과는 별 관련 없을 듯한 경제성장 구호와 친밀했었다. 교육이 우선순위에서 밀려 있던 시대에 살았던 셈이다. 경제는 힘들었고, 부모들은 모두 바빴던 탓에 어린 나에게 풍요로운 것이라고는 시간밖에 없었다. 텔레비전 역시 지금처럼 하루 종일 나오는 것이 아니었기 때문에 방송 시간이 되기 전까지는 하릴없이 빈둥거리며 놀다 지치는 게 일상이었다. 밖에 나가 노는 것을 즐기지 않았기 때문에 자연스레 집에서 뒹구는 날이 많았다. 너무나 심심한 나머지 책을 보고 또 봤고 숙제 역시 안 할 이유가 없었다. 그러니 어머니의 거듭되는 자랑과 칭찬이 속으로 찔릴 수밖에.

그러나 그런 식의 독서라도 내게 많은 것을 준 것만은 확실하다. 《알프스 소녀 하이디》를 읽으며 눈 쌓인 알프스 산에 사는 소녀와 친구가 된 기분이었고, 심지어 실제로 본 적도 없는 양을 상상해보곤 했다. 《메리 포핀스》를 읽으며 우산을 타고 날아다니는 요술쟁이 유모가 어딘가 있지 않을까 상상했었다. 이런 상상력을 즐기다 자연스럽게 글을 쓰는 작가가 되고 싶다는 생각도 했다. 물론 작가만 되고 싶었던 것은 아니다. 탐정소설을 읽으면 탐정이 되고 싶었고, 세계일주 책을 읽으면 여행가가 되고 싶었으며, 《나이팅게일》을 읽으며 간호사를 꿈꾸기도 했다. 책을 읽으며 그 안에 있는 수많은 인물과 사건을 통해 참으로 많은 상상과 생각과 꿈을 꾸었던 것이다.

아쉽게도 이제 우리에게 독서란 이런 대상은 아닌 듯하다. '이런 대상'이란 여가시간을 재미로 채워주는 놀이처럼 즐길 수 있는 대상을 의미한다. 내 어린 시절, 책은 신기한 이야기를 들려주는 이야기보따리 할머니 같았는데, 지금의 독서는 숙제 같다. 어른들이 심심하면 책이라도 읽으라는 말에 정말 혹시나 하고 읽다 보니 지식과 정보를 얻기도 하고 상상의 나래를 펼칠 수 있었던 내 경우와는 다르게 이제 독서는 목표를 가지고 읽어야만 하는 교과서나 다름없다.

게임 중독을 없애는 가장 좋은 방법에 대한 우스갯소리를 들어본

적이 있다. 우선 게임을 학교 정규과목에 넣은 다음 숙제를 내주고, 중간중간 시험을 보면 완벽하게 사라질 거란다. 여기에 수업시간에 배운 내용을 복습해보고, 더 나아가 선행학습으로 게임 10단계까지 깬 후 자신의 게임 캐릭터와 상대의 게임 캐릭터를 분석한 후 ppt로 발표 준비를 해오라고 시키는 상상까지 해보니 그럴싸했다. 어쩌면 게임이 아니라 세상 모든 것이 학교 정규과정으로 들어오고 그때마다 숙제가 생긴다면 중독 따위는 없어질 거라는 생각이 들기도 한다.

더욱 쉽게 게임 중독을 없애는 방법도 있다. 게임 하는 아이 옆에 딱 붙어 엄마가 관심을 가지고 계속 잔소리를 하면 된다. 옆에 앉아서 수비를 더 강화해야 되지 않겠냐, 공격력이 너무 약하니 오늘 중으로 5판은 더해야 한다는 식으로 참견하면 없어질 거란다. 하고 싶어서 난리인 게임도 이런데 학습처럼 인식된 독서는 오죽할까라는 생각에 씁쓸하다.

2017년 국민독서실태조사 결과를 보면 이런 우려가 그대로 나타난다. 우리나라 성인의 연간 독서율은 59.9%고, 초중고 학생의 독서율은 91.7%다. 연간 독서율이란 '지난 1년간 일반 도서를 1권 이상 읽은 사람의 비율'을 말한다. 2017년 조사니 2016년에 책을 한 권도 읽지 않은 사람이 올해 기준으로 10명 중 4명이라는 말이다. 스스로 동기부여가 되지 않은 채 강제성을 띤 일에 재미가 있을 리 없으니 강제하는 기간이 지나면 자연스럽게 손을 놓게 된다. 이 조사결과를 보면 독서가 강제성을 띤 일이 되었다는 것을 알 수 있다. 학생 때 91.7%였던 독서율이 졸업과 동시에 절반 정도로 뚝 떨어진 것을 보면 이해하기 쉬울 것이다. 학생 때는 목표가 뚜렷한 읽기 즉 강제성을 띤 독서인 경우가 많다. 논술에 필요해서, 교과랑 연계되어서, 독서이력제에 필요해서 등 뚜렷한 목표지점을 향해 무작정 읽었지만, 졸업과 동시에 그 필요성이 사라지면 조사결과처럼 절반으로 줄어드는 자연스러운 현상이 나타난다. 그럼 우리는 왜 아이들에게 책을 읽히고 싶어 하는 걸까? 아래 빈칸을 채워보자.

우리 아이에게 책을 읽히고 싶은 이유
1.
왜냐하면
2.
왜냐하면
3.
왜냐하면

칸을 채우는 게 쉽지 않을 것이다. 지금까지 책은 매우 신성한 것이라 여겼고, 의심 없이 독서는 반드시 필요한 일이라 믿었을 테니 말이다. 그러나 책을 읽히고 싶은 이유가 나름 확고하다고 믿는 우리 중 누군가가 "책과 독서가 과연 인생에 어떤 효과를 주었기에 그런 믿음을 가질까?"라고 질문한다면 한 걸음 더 뒤로 물러날지도 모른다.

참고로 국민독서실태조사에 따르면 성인이 책을 읽는 가장 큰 이유는 새로운 지식과 정보(23.7%), 교양·상식 쌓기(19.8%), 위로와 평안(15.2%) 순이었다. 학생의 경우 새로운 지식과 정보(28.8%), 책 읽기가 즐거워서(16.7%), 교양·상식 쌓기(14.1%) 순이라고 한다. 학생들의 독서 이유 중 '책 읽기가 즐거워서'가 나온 게 화들짝 반가운 것은 어린 시절의 나처럼 순수한 읽기의 즐거움이 완전히 사라진 것은 아니라는 다행스러운 마음 때문이다.

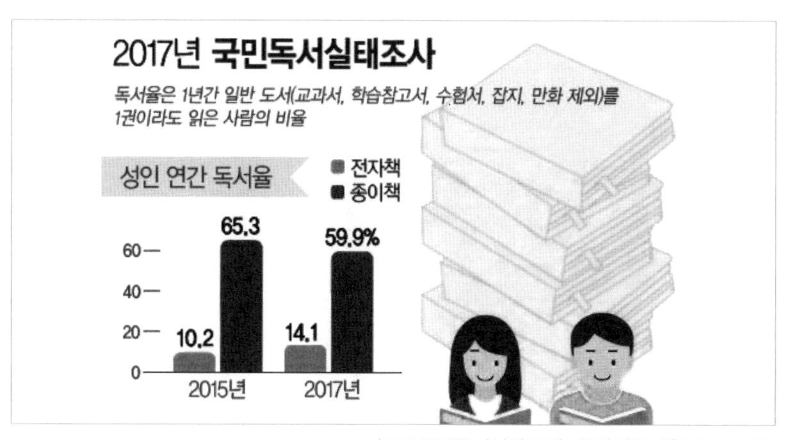

— 〈2017 국민독서실태조사〉, 문화관광체육부 보도자료

지피지기면 백전백승이라는 말처럼 어떤 일을 잘하려면 그 일에 대해 제대로 알고 시작해야 한다. 그런 의미에서 우선은 독서가 우리에게 어떤 의미가 있는지에 대한 고찰하고, 현재 하고 있는 독서의 문제점을 생각해보자.

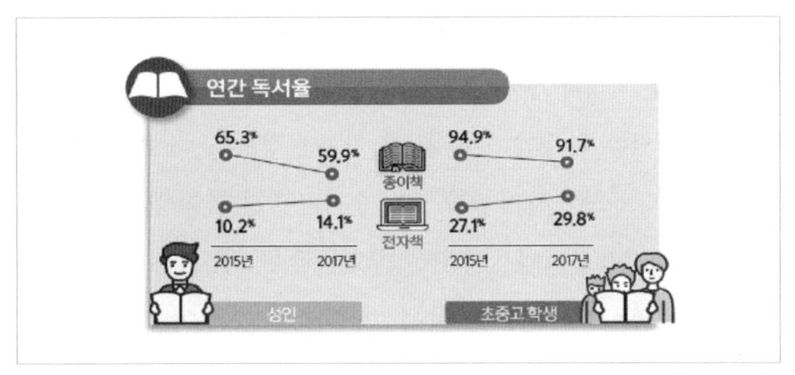

– 〈연간 종이책 독서율 및 독서량(성인 · 학생)〉, 문화관광체육부 보도자료

독서 세대차이를 깰 수 있는 3가지 방법

"배우면 배울수록 배워야 한다는 생각이 들고,
모르면 모를수록 몰라도 된다는 생각이 들고"

시인이라는 낭만적인 이름 대신 자칭 '시팔이'라고 하는 하상욱의 시다. 시인을 시팔이라고 부르는 게 딱히 틀린 건 아니구나 싶기도 하다. 그의 시도 그렇다, 시인 듯 아닌 듯. 그러나 분명한 것은 어찌 보면 말장난 같기만 한 글들이 많은 사람들에게 공감을 받는다는 점이다. 이런 일로 시대의 변화를 운운하는 것이 가볍게 여겨질 수도 있지만 생각의 변화를 말하기에는 이런 소소한 변화가 어울린다. 절대낭만의 영역인 듯했던 시인을 시팔이로 말할 수 있는 시대의 변화 말이다.

우리에게 독서란 어떤 의미일까? 시인처럼 절대불변의 의미는 아닐까? '독서' 하면 떠오르는 이미지는 어떤 것일까? 잠깐 독서를 주제로 그림을 그린다고 생각해보면 방안 책상이나 도서관 한켠에서 책을 보고 있는 학생들의 모습이 떠오를 것이다. 똑같지는 않아도 엇비슷한 그림들을 그릴 것 같다. 독서의 사전적 의미가 책을 읽는 행위니 책이 나오는 장면이 빠질 수는 없을 것이다. 우리에게 독서는 이렇게 '책과 학생들의 모습'으로 각인되어 있다. 요즘 스스로 진화하기 위해 책을 읽는 어른들이 많아지긴 했지만 여전히 학생들의 모습이 먼저 떠오른다. 이제 독서에 대한 모든 것들에 변화가 필요하다. 시인을 시팔이로 표현하는 변화만큼이나 우리가 가진 많은 개념들이 변할 것이기 때문이다. 독서 역시 그렇다. 어떤 변화가 필요한지 알아보자.

첫 번째, 읽기의 개념을 책으로만 한정하지 말자. 학생들은 진작부터 영화 읽기, 그림 읽기, 미디어 읽기 등의 표현에 익숙하지만 '읽기' 하면 책을 떠올리는 부모세대는 이런 다양한 매체에 '읽기'를 붙이는 것이 어색하다. 단순히 책만을 읽는 게 아니라 더 많은 것을 읽고 해석하며 적용해야 하는 시대에 살고 있다. 그러니 독서도 시대에 맞추어 새롭게 정의내려야 한다. 책만이 아니라 더 많은 매체로 확장된 개념을 가져야 한다. 책을 읽고 작가가 주려는 메시지를 찾아 분석하며 깊이 있게 읽었던 것처럼 다양한 매체를 통해 우리에게 전달하고자 하는 주제들을 찾을 수 있어야 한다. 책을 읽고 독서했다고 안심한 채 사고가 넓어질 거라고 기대할 것이 아니라 넓게는 미디어를, 좁게는 신문을 영화를 책을 드라마를 노래를 읽는 법을 함께 고민해봐야 한다. 독서를 책에만 국한시킨다면 독서는 언젠가 사라질지도 모를 일이다.

두 번째, 평생교육 시대임을 생각하자. 과거에는 고등교육을 받거나 대학을 졸업하면 그것으로 평생 필요한 학습을 끝낸 것처럼 인식되었다. 게다가 학생이라는 신분으로 교육과정 안에서 선생님이 가르쳐주는 것을 성실하게 배워 시험을 잘 보면 모범생이 됨과 동시에 우등한 사람이라는 우월감도 가질 수 있었다. 대학을 졸업하고 첫 직장을 얻으면 대학 때까지 배운 것을 가지고 정년퇴직 때까지 계속 써먹으며 일할 수 있었으나 지금은 꿈처럼 느껴질 뿐이다. 앞으로는 평생 거치는 직업이 3번은 바뀔 것이라고도 하고, 직업을 바꾸기 위해 계속 새로운 것을 배워야 한다고도 한다. 급격한 변화로 인해 어쩌면 1달 배워서 1달을 살게 될 것이라는 말도 나온다. 아무리 보수적으로 봐도 우리가 살던 시대와는 극명하게 다른 시대가 오고 있다는 것만은 분명하다.

그러니 이제 독서가 학습을 위한 보조적 역할에서 평생학습 시대를 위한 필수불가결한 습관으로 자리 잡을 수 있도록 해야 한다. 책은 누구나 부정하지 않는 필수 교육 목록 중 우위에 있다. 책을 읽는 행위인 독서는 지식 그 자체의 의미와 함께 성공의 필수요소라는 인식이 팽배하다. 어쩌면 독서와 공부를 동일어로 인식하고 있는지도 모른다. 공부 즉 학습은 무엇인가를 읽고, 생각하고, 문제를 해결해야 하는 것이니 과히 틀린 말도 아니다.

그러나 독서교육의 목표를 학습에만 한정하는 것은 문제가 될 수 있다. 자녀들의 나이와 독서력에 따라 다르겠지만 지식만을 얻기 위한 독서, 성적 향상만을 위한 읽기 혹은 논술이나 진로에 도움이 될 만한 목록만으로 구성된 독서는 여러 가지 면에서 적합하지 않다. 이런 목표들은 학교에서 혹은 학습에서 설정되는 목표지 가정에서 부모가 가져야 하는 책과 독서에 대한 목표가 될 수는 없다. 이런 식의 독서는 앞서 언급했던 조사결과에서처럼 목표가 사라지는 시기가 오면 독서율을 떨어뜨리는 원인이 되어 즐겁고 행복한 독서, 평생의 습관이 되는 독서로 연결되는 것을 어렵게 만든다. 그러니 순수한 즐거움으로 시작해 습관이 될 수 있는 평생독서의 습관을 가질 수 있도록 해야 할 것이다.

세 번째, 자신의 경험 즉 부모세대의 경험을 바탕으로 한 교육관을 버려야 한다. 미래사회에 대한 새로운 교육정보의 부재로 인해 과거에 자신이 살았던 경험을 바탕으로 하는 교육 방식만을 의지해서는 안 된다. 시대의 변화에 맞추어 살아갈 수 있는 교육을 위해 진화된 방향으로의 변화가 필요하다.

어린 시절 간절하게 피아노가 배우고 싶었지만 집안 경제 사정으로 배우지 못했던 기억을 가진 부모는 피아니스트로 키울 것도 아니면서 아이가 어릴 때부터 꼭 피아노를 가르쳐야 한다고 생각한다. 자신의 경험을 바탕으로 한 교육의 예다. 미래에 필요한 인재를 만들기 위해 교육한다거나 아이의 특성을 고려해 맞춤형 교육을 하는 것이 아니라 과거에 살았던 자신의 교육에 대한 경험을 가지고 부족했거나, 부족했을 거라 여기는 부분을 부각시킨 상태에서 잠재적인 교육에 대해 선택한 결과다. 그러니 미래를 위한 교육, 내 아이를 위한 교육이라고 이름을 붙이긴 했지만 결국 과거 나의 부족함을 보상하기 위한 교육이 되고 만다.

과거의 부족함에서 벗어나는 길은 현재를, 미래를 아는 것에서 시작된다. 미래학자들에 의하면 미래에 대한 가장 확실한 예측은 '미래가 불확실하다'라는 것이라고 한다. 누구도 알 수 없는 불확실한 미래에 우리도 자녀들도 살기 위해 배우고 또 배워야 할 수밖에 없다. 그러니 부모가 된 이상 국, 영, 수 성적향상 비법만이 아니라 미래를 위한 교육방법에 대한 다양한 공부가 필요하다.

자녀교육에 대한 정보들도 너무 많고, 그만큼 해야 할 일도 많겠지만 이 3가지는 현실적으로 할 수 있는 방법들만을 요약해서 제안한 것이다. 읽기를 책으로만 국한시키지 말자는 것과 평생 읽기 습관을 위해 노력하자는 것, 그리고 과거의 부족함을 채우기 위한 교육관을 버리라는 것을 진지하게 고민할 수 있다면 교육의 질은 향상될 것이라 확신한다.

지식정보사회니 4차 혁명이니 AI니 알 듯 말 듯한 말들이 넘쳐난다. 하필 이럴 때 부모가 되었다는 것이 부담스러울 지경이다. 우리 중 그 누구도 부모 교육을 제대로 받아본 적이 없다. 그렇다면 교육의 대명사처럼 떠오르는 유태인 부모는 어떨까? 유태인 부모와 우리의 차이 중 아이가 질문했을 때의 반응에 대해 생각해보려고 한다.

유태인 부모는 아이가 질문하면 기다렸다는 듯이 그와 관련된 다양한 이야기를 하며 대화를 확장시켜 아이 스스로 사고할 수 있도록 많은 시간을 할애해 토론한다고 한다. 반면 우리는 질문받는 것을 피하고 싶어 하며, 질문한다 해도 단순한 답을 하거나 잘 모르겠다는 식으로 대화를 길게 이어나가지 못해 질문을 성장의 기회로 만들지 못한다. 부모가 된 이후 여러 가지 여건상 일정 부분 새로운 것을 배우는 것에서 멀어져 있기 때문일 것이다.

부모가 가지고 있는 지식의 한계와 그런 토론식 교육을 받지 못한 세대 등 다양한 이유를 들 수 있다. 그러나 이제 유태인 부모들의 교육방법을 배워야 할 필요가 있다. 특히나 대화를 통해 지식만이 아니라 생각과 대화의 방법까지 함께 가르칠 수 있도록 해야 할 것이다.

현실적으로 어디서부터 어떻게 시작해야 할지 난감하겠지만 그런 걱정을 덜어줄 것들이 있다. 요즘은 재밌으면서도 가볍게 듣기만 해도 이해하기 좋은 자료들이 넘쳐나기 때문이다. 다양한 인터넷 매체에서부터 도서관 무료 강좌와 학부모 연수까지, 전문가부터 일반인까지 다양하게 선택해서 들을 수 있다. 다양한 강의를 듣다 보면 앞으로 어떻게 살아야 할지 스스로 이런저런 생각에 빠지게 될 것이다. 자녀를 위해 시작한 공부가 우리에게도 많은 변화를 가져다줄 테니 미래에 대한 다양한 강연과 책을 챙겨 가까이하길 권한다.

05

책, 두뇌 발달을 위한 무한 저장고

책을 읽을 수 있다는 것은 읽기가 가능할 정도의 교육을 받았다는 의미다. 말을 하거나 듣는 것과는 달리 읽는 행위는 배워야 하는 행위이기 때문이다. 하지만 글자를 읽는다는 것과 책을 읽고 이해한다는 것은 다른 것이며, 역시나 배워야 하는 영역이다.

인류는 책을 읽도록 태어나지 않았다. 터프츠 대학에서 인지신경과학과 아동발달을 연구하는 매리언 울프는 이렇게 말한다. "독서는 뇌가 새로운 것을 배워 스스로를 재편성하는 과정에서 탄생한, 인류의 기적적인 발명이다."

– 《책 읽는 뇌》, 매리언 울프, 살림

독서가 인류가 발명한 기적적인 일이라는 말을 듣기 전까진 나 역시 독서가 사람들에게 친밀하고 필수 불가결한 요소라고 생각했었다. 읽기란 누구나 즐길 수 있으며, 하고 싶어 하는 일이라고 여겼다. 게다가 직업적인 이유에서든 개인적인 기호에서든 읽지 않으면 불안함을 느끼는 내 경우 머리로는 분명히 문맹자들이 있다는 것을 알고 있으면서도 읽기가 빠진 삶에 대해 생각해본 적이 없었다. 그러다 이 글귀를 만난 후 읽는다는 행위가 매우 고차원적인 행위임을 새삼스럽게 인식하게 되었다.

생각해보면 인류가 문자를 발명하기 전까지 읽는 행위는 필요하지 않았을 테고 책 역시 존재하지 않았을 테니 읽는다는 것은 우리에게 매우 낯선 행위였을 것이다. 그러니 교육현장에서 읽기를 힘들어하거나 싫어하는 아이들을 학습능력이나 집중력에 문제가 있다고 생각하는 것은 결코 올바른 관점이 아니다. 오히려 책을 좋아하고 읽기를 좋아하는 아이들이 자연스럽지 않은 것인지도 모르겠다. 읽기가 배워야만 하는 행위이며 발명이라는 주장은, 새로운 시각이었을 뿐만 아니라 지금까지 이해하기 힘들었던 아이들의 행동 역시 타당할 수 있다고 생각하게 만들었다. 독서가로 태어나는 것이 아니라 만들어지는 것이라면 우리가 아이들과 함께 독서해야 하는 이유가 분명해지고, 독서지도 역시 꼭 필요한 교육 영역이라는 주장에 대한 이론적인 배경이 된다. 그러니 독서는 일정한 시기까지는 누군가가 반드시 동행해 도움을 줘야 하는 영역이라는 것 또한 알 수 있을 것이다.

뇌는 아직도 다른 영역에 비해 연구해야 하는 분야가 많다고 한다. 하지만 뇌에 대해 이미 밝혀진 부분만으로도 교육적인 효과를 높일 수 있고, 여러 가지 측면에서 아이에 대해 이해할 수 있을지도 모른다. 그렇다고 독서지도를 하기 위해 뇌 전문가가 될 필요는 없다. 빨래를 하기 위해 세탁기에 대해 모든 것을 알 필요는 없는 것과 같다. 세탁기의 기본적인 사용법을 알고, 문제가 생겼을 때의 대처 방법 정도만 알면 된다. 교육을 위해 뇌에 대한 기본적인 것을 이해하고, 문제사항에 대한 매뉴얼을 아는 정도가 필요할 뿐이다.

사람의 뇌는 경험에 따라 새로운 연결 라인을 만드는데, 이를 '뉴런'이라고 한다. 홍콩을 여행해본 사람은 홍콩에 대한 선(뉴런)이 하나 생긴다는 식이다. 홍콩을 처음 가본 사람은 이런 선이 가늘게 한 줄 생기게 될 것이다. 그 후 다시 한번 홍콩에 간다면 뉴런의 굵기가 굵어진다. 뉴런은 처음에는 굵기가 가늘지만 반복되면 계속 선에 선이 더해지면서 굵어진다. 이런 것을 '미엘린 강화'라고 부른다. 이렇게 굵어진 선들은 컴퓨터 안에서 필요한 정보를 찾을 때처럼 뇌가 언제든 필요할 때 필요한 정보들을 잘 찾아낼 수 있도록 연결시킨다. 반면 가늘게 한 번 연결된 선은 시간이 지나면 기억 자체가 희미해지거나 망각되기도 한다. 기억이 필요할 때 어디에 있는지 찾기 힘들거나 찾지 못하게 된다는 뜻이다. 이런 뇌의 속성을 바탕으로 연구된 것이 '에빙하우스의 망각곡선'이다. 뇌를 잘 이해하고 만들어진 좋은 예다.

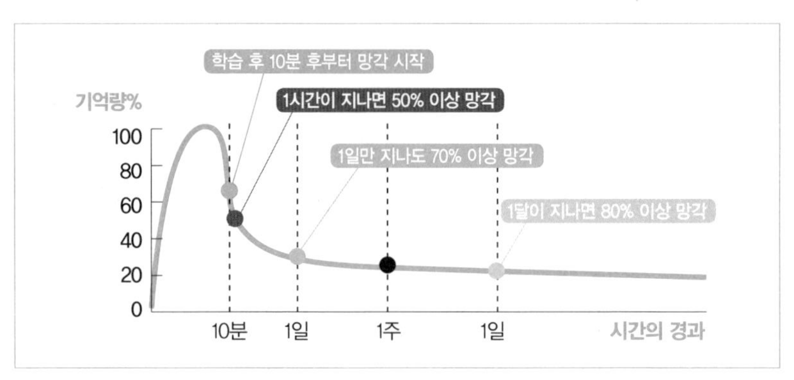

– 에빙하우스의 망각곡선

책을 읽는 목적 중 가장 중요한 간접경험 역시 이런 뇌의 이해를 기반으로 한다. 직접 홍콩으로 여행을 가본 적은 없지만 홍콩과 관련된 책을 읽거나 미디어로 제작된 프로그램을 보게 된다면 직접경험을 했을 때보다는 약하지만 선이 하나 생기게 될 것이다. 반복해서 홍콩에 대한 여러 가지 자료를 읽거나 보면 미엘린이 강화되어 언제든 사용 가능한 정보가 될 수 있다. 이것이 교육에서 반복학습을 강조하는 이유이기도 하고, 체험학습의 필요성에 대한 이론이 될 수도 있을 것이다. 화석에 대해 교과서로 학습한 후 체험학습으로 화석을 직접 본다면 화석에 대한 기억이 강화될 것이기 때문이다.

따라서 직접 경험하지 않는다 하더라도 읽기가 삶에 미치는 영향은 클 수밖에 없다. 같은 이유로 자녀의 읽기에 대한 지도 역시 매우 중요하다. 어린 자녀들에게 제대로 읽기를 지도한다는 것은 글자를 제대로 읽고 해독할 수 있는 능력만이 아니라 연령에 맞고, 아이의 정서에 맞는 읽기를 교육시켜야 한다는 의미로 확장되어야 한다.

독서하는 동안 우리는 내가 아닌 다른 사람이 되기도 하고, 다른 나라, 다른 문화를 접하며 절대 경험하지 못할 일, 전혀 상상해보지도 못한 일 등을 경험하게 된다. 그렇게 뇌에 저장된 많은 뉴런들은 다른 뉴런들과 양방향으로 소통하며 한계가 없는 상상력을 폭발적으로 증가시킬 것이다. 결국 읽기는 무한대의 지식 저장소를 하나 갖추는 셈이다.

06

독서, 아이 곁에 엄마보다 오래 머물 가장 따뜻한 선물

열심히 운동하면 건강에도 좋지만 체질 자체가 살이 잘 안 찌는 상태로 변화된다. 게다가 스트레스도 해소되니 운동이 주는 선물은 많기도 하다. 독서도 마찬가지다.

독서가 주는 선물 중 가장 큰 것은 '새로운 것들에 대한 정보와 지식'을 얻을 수 있다는 점이다. 초등학생 논술 수업시간이면 글을 쓰기 위한 첫 번째 과정으로 글을 쓸 대상을 관찰한다. 어떤 주제든 상관없다. 새로운 요리법이든 과거에 있었던 사건이든 다양한 주제를 놓고 관찰 방법에 대해 이야기를 나누는데, 주제에 대해 알아보기 위해 아이들이 제일 먼저 선택하는 방법은 책과 인터넷이다. 개인적으로 초등학생 때 책의 가치를 정보와 지식을 얻는 매체로만 국한시키는 것은 좋지 않다고 생각한다. 하지만 여전히 책은 정보와 지식을 전하는 매개체로서의 이미지가 강하며, 보기에 따라서는 매우 감사한 일이기도 하다. 과거에 대해 배울 수 있게 해주며, 현재를 살고, 미래를 예측할 수 있게 해주기 때문이다.

다음으로 꼽을 수 있는 선물로는 '치유'를 들 수 있다. 티베트의 어느 도서관 입구에 붙어 있다는 '영혼을 치유하는 곳'이라는 표현이나, 이집트 알레산드리아 도서관에 쓰여 있다는 '영혼을 위한 약상자'라는 문구를 통해서도 독서가 옛날부터 전해오는 치유 방법 중 하나였음을 알 수 있다. 어렵게 생각하면 치유자 즉 치유를 해주는 대상이 필요하다고 생각할 수도 있다. 물론 있다면 더 좋겠지만 치유자가 딱히 없더라도 우연히 읽게 된 책이 마음 한구석에 있는 상처에 따뜻한 위로를 줄 수 있다면 충분히 치유라 할 수 있다. 나에게 맞는 좋은 책을 고를 수 있는 혜안만 있다면 어렵지 않은 일이다.

> 어린 자녀가 있는 부모라면 아이가 가진 문제에 대해 알아볼 만한 책 목록도 눈여겨보았을 것이다. 거짓말하는 아이에게 읽히면 좋은 책, 게으른 아이를 위한 책, 욕하는 아이에게 읽히면 좋은 책 등 다양한 사례에 따라 여기저기서 추천하는 책들을 쉽게 접할 수 있기 때문이다. (중략) 아이의 모든 것을 가장 잘 알고 있는 사람이 엄마이기에 아이에게 가장 적절한 책을 고르고, 아이의 마음을 움직여 속내를 털어놓는 책 이야기를 나누었을 테니 말이다. 독서 치유자의 계획하에 모든 과정을 준비하는 것과는 달리 이런 모든 과정이 치유하겠다는 의식이 없

는 상태에서 매우 자연스럽게 이루어졌을 것이다.

– 《꼭 알고 싶은 독서치유의 모든 것》, 윤선희, 소울메이트, p48

어떤 책을 읽어주었을 때 내 아이가 공감하며 감동받고 아이 스스로 하고 싶은 이야기가 많아지는지 조금만 주의해서 보면 알 수 있다. 그런 책이 아이의 성향에도 맞고 아이에게 필요한 맞춤책이다. 아이를 키우는 동안 생기는 여러 가지 문제에 대해 아이와 이야기를 나누고, 생각해볼 수 있도록 다양한 주제의 책을 고르는 것만으로도 독서치유의 가벼운 첫걸음을 뗀 셈이다.

또 진로를 결정하는 데도 많은 도움이 된다. 어린 시절 특정한 체험이나 경험을 통해 자신의 꿈을 정하고 이를 이루기 위해 노력하는 사람들이 많다. 나 역시 어린 시절 책을 읽으며 작가가 되고 싶다는 꿈을 키웠다. 누군가는 《80일간의 세계 일주》를 읽고 여행가의 꿈을 키우기도 하고, 《세상의 반은 왜 굶주리는가》를 읽고 국제 구호가가 되고 싶다는 꿈을 꿀 수도 있다. 나 아닌 다른 누군가가 꿈을 이루는 과정에서 겪게 되는 우여곡절을 보며 자신의 생활을 반성하기도 하고, 격려하기도 하며 롤모델로 삼을 수 있다. 수많은 자기계발서가 난무하는 까닭도 이런 이유에서일 것이다. '당장 결심하라, 긍정적인 생각을 해라, 꿈꾸는 것을 적어라!'라는 구호 같은 말들이 얼핏 아무 도움이 되지 않는 듯하지만 그 순간이나마 그런 생각으로 가슴이 뛰어본 사람이라면 그 의미를 알 것이다.

독서가 주는 선물은 또 있다. 학부모들을 대상으로 강의할 때 가장 강조하는 것이 '대화의 매개체로서의 독서'다.

"오늘 엄마가 어린 시절에 읽던 《빨강머리 앤》을 읽었는데 너무 좋았어. 앤이 하는 말 중에 '내일은 아직 아무것도 실패하지 않은 하루라고 생각하면 기쁘지 않아요?'라는 말이 너무너무 좋더라고. 오늘 이런저런 일로 지치고 짜증 나고 우울했는데 실패하지 않은 내일을 기대하며 자려고."
"《빨강머리 앤》은 동화책이잖아요. 엄마도 동화책 읽어요?"
"그럼, 그림책과 동화는 어린이만을 위한 것은 아니라고 생각하는데? 《빨강머리 앤》은 엄마가 어렸을 때 읽었던 책인데 서점에 갔을 때 눈에 띄어 어린 시절을 떠올리며 읽으려고 샀어."
"사실 저도 어릴 때 읽었던 거 같기는 한데 기억이 가물가물해요."

대부분의 가정에서 부모와 아이는 학년이 올라갈수록 대화다운 대화를 하지 않고 일상적인 말들만을 주고받는다. 그러면서도 우리 가족은 서로 많은 이야기를 하고, 아이와 잘 통한다고 생각한다. 확인해보자. A4용지와 필기도구를 준비한 후 다음 활동을 해보면 된다.

* 오늘 아침부터 지금까지 자녀와 주고받은 대화를 빠짐없이 적어본다.

* 다 적었다면 적어도 1주일에 3번 이상 하는 말에 표시한다.
* 이제 이번 주에 있었던 평소와 다른 주제 혹은 어휘를 찾아본다.
* 아이가 나에게 했던 말 중 새로운 어휘들이 있나 찾아본다.

이 활동 후 눈시울을 붉히는 학부모들을 가끔 본다. 지금 책을 읽는 여러분들은 어떤 기분인지 궁금하다.

"대화를 많이 하고 있다고 생각했는데 대화가 아니라 명령과 재촉이었던 거 같아요."

"'빨리해, 그만해' 같은 말을 왜 이리 많이 했는지 모르겠어요. 아이가 하는 말에는 늘상 '나중에, 그건 지금 할 생각이 아니야'라고 한 거 같네요. 무안했을 걸 생각하니 너무 미안해요."

"너무 일상적인 말만 주고받은 거 같아요. 아이 역시 어렸을 때는 새로운 어휘를 많이 썼는데 요사이에는 못 들어본 거 같네요."

살면서 특별한 일이 없는 한 매일매일 새로운 주제를 찾아 대화하기란 쉽지 않다. 사춘기가 되면 이런 일상적인 대화조차 어렵다. 그럴 때 함께 읽었던 책이 대화의 매개체가 되기도 한다. 엄마가 감동받은 부분을 아이에게 들려주며 대화를 시작할 수 있다. 물론 이때 교육이나 공부에 대한 내용은 꺼내지 않는 의식적인 노력이 필요하다. 아이도 알고 있는 어떤 사람에 대해 스스럼없이 이야기를 나누었던 경험을 생각해보자. 뭔가 서로의 공통분모가 매개체가 되면 훨씬 쉽게 친숙해질 수 있음을 이해할 수 있을 것이다.

마지막으로 절대 빼놓을 수 없는 게 '즐거움이 주는 상상력'이다. 어쩌면 앞서 이야기한 것들이 자녀교육을 위한 부모들의 구미를 돋우는 것들이었다면 이것만은 아이들의 취향에 딱 맞는 것이 아닌가 싶다. 자녀를 키우는 부모인 우리는 미래사회의 인재상에 대해 많은 고민을 한다. 우리 아이들이 자라서 미래사회의 인재가 될 수 있도록 하려면 미래사회가 원하는 것을 알아야 하기 때문이다. 전문가들은, '생각의 시대'라고도 불리는 미래사회가 원하는 것은 '상상력'이라고 말한다. 성경의 어느 구절처럼 처음은 미약하나 끝은 창대할 것이라는 표현은 상상력에 딱 들어맞는 말이다. 뇌 어느 구석엔가에 주어진 자극에 의해 '만약에 ~라면, 그렇다면 ~가 안 되는 걸까? 왜?'라는 생각이 자라고 만들어지는 상상력이 미래사회의 힘이다. 그래서 상상력을 다른 말로 하면 '창의력'이라고도 할 수 있다.

'세상에 없던 것을 만들어내는 힘'
'있는 것을 변화시켜 새롭게 만드는 일'

익숙하지 않은 모든 일이 그런 것처럼 상상력에도 연습이 필요하다. 책을 읽으며 드라마의 한 장면처럼, 마치 현실인 것처럼 떠올리는 것들이 상상 연습이다.

이 - 엄마랑 나는 오늘부터 책 친구 1일!

자녀의 독서지도 첫 시간에는 뭘 하면 좋을까? 이제껏 이런저런 이유로 한 번도 독서교육에 제대로 관심을 갖지 못했다고 해도 괜찮다. 지금이라도 시작하는 게 중요한 거다. 단, 첫 수업이니 아이 눈앞에 책부터 들이대지는 말자. 자녀의 나이에 따라 다르겠지만 책에 관한 이야기를 나누는 것만으로도 좋은 시작이라는 것을 믿어도 된다.

1. 엄마와 함께 책과 관련된 놀이 시간(활동)을 가질 거라는 것을 말해준다. 고학년이라면 같은 책을 읽고 책을 주제로 함께 대화를 나누는 시간을 갖고 싶다고 전한다. 문제는 이 말을 들었을 때의 아이 반응이다. 독서에 대한 엄마의 제안을 즐겁게 받아들이지 못한다면 이런 활동을 하기 전에 충분히 서로에 대해 이야기하는 시간이 필요하다. 예를 들면 어떤 것을 좋아하는지? 엄마와 뭘 하고 싶어하는지? 엄마가 왜 독서를 함께 하고 싶은지 등 충분히 공감할 수 있는 시간을 가진 후 활동을 시작하는 것이 좋다.

2. 흰 종이에 엄마와 아이가 색이 다른 펜으로 책 하면 떠오르는 것들을 적어보자. 종이는 각자 따로 준비해도 좋고, 같은 종이에 함께 써도 좋다.

3. 각자 적은 것을 보며 엄마는 아이가 적은 것에 대한 이유를 묻고, 반대로 아이는 엄마에게 질문한다. 이때 엄마의 태도는 경청과 맞장구로 일관되어야 한다. 아이의 생각이 어설프고, 주제에서 벗어나도 성급하게 바꾸려는 태도는 좋지 않다. 책을 주제로 이야기를 나누자고 했지만 서로 즐거운 경험으로 기억하는 것이 중요한 순간이기 때문이다. 가능한 한 즐거운 시간을 갖도록 하자.

4. 아이가 이야기하는 것을 힘들어하지 않는다면 오늘 함께한 시간에 대한 느낌을 주고받는다. 물론 아이가 아직 자신의 감정을 표현하는 것이 어렵다면 처음에는 엄마의 느낌만 주옥같이 표현하는 것으로 충분하다.

5. 다음 시간까지 각자 읽어주고 싶은 책 한 권씩을 가져오기로 하고 정리한다.

02 - 편안하게 서로 읽어주기

드디어 두 번째 시간이다. 지난번에 각자 읽어주고 싶었던 책을 골라오기로 했으니 세상 가장 편한 자세로 책 읽기에 들어가자.

1. 각자 고른 책을 보여주고, 고른 이유를 이야기한다. 이때 아이가 그냥 골랐다거나 하는 식으로 무성의하게 답해도 웃음으로 반응한다. "엄마는 그래도 좋아. 네가 책을 읽어주는 상상만으로도 좋았으니까"라는 닭살 멘트와 함께 엄마가 책을 고른 이유를 자세히 설명하면서 이럴 때 어떻게 말하면 좋은지 슬쩍 방법을 알려준다.

"이 책을 고른 이유는 책의 제목이 재미있어 보여서야" 혹은 "이 책의 표지 그림을 보니까 어떤 이야기일지 너무 궁금해서 골랐어" 등의 솔직한 표현도 좋고, 책을 통해 아이와 함께하고 싶은 주제를 찾아 궁금증을 유발시키도록 표현해주는 것도 좋다. "표지 그림을 보면서 나는 이렇게 생각했는데, 너는 어떻게 생각할지 궁금했어" 또는 "제목에 '가치'라는 단어가 나와서 가치에 대해 이야기를 나누면 좋겠다는 생각이 들었어"처럼 하면 된다.

2. 이제 서로 책을 읽어줄 차례다. 아이가 책을 읽어줄 때 엄마는 최선을 다해 열심히 듣고 있다는 반응을 보여준다. 아이도 엄마의 경청하는 태도를 보며, 좋은 태도를 배우게 된다.

"진짜 재밌다" 식의 두루뭉술한 반응보다는 "제목하고는 이야기가 전혀 다르네. 생각해보지도 못한 이야기인걸" 또는 "나는 왜 이렇게 주인공이 재밌는 책을 지금까지 몰랐지"처럼 구체적인 반응을 통해 아이의 책 고르는 안목에 대해 칭찬해주는 것도 좋다.

3. 책을 다 읽었다면 미리 준비한 맛있는 간식을 함께 먹자. 책과 즐거운 기억을 고착화시키는 것은 책과 가까워지게 하는 나만의 비법 중 하나다. '산타' 하면 '선물', '생일' 하면 '케이크'를 떠올리는 것처럼 책을 함께 읽었던 좋은 추억들이 평생 책과 함께할 수 있는 최고의 방법이라고 생각한다. 일부의 이론이긴 하지만 달달한 음식을 먹고 행복했던 경험이 있는 사람들은 우울할 때 단 음식을 찾는다고 한다. 책도 그렇지 않을까? 책을 읽고 변화된 경험이 있거나, 책을 읽으며 행복했던 경험이 있는 사람들은 언제라도 책을 다시 찾게 될 거라고 믿는다.

4. 아이가 원한다면 몇 번이라도 아이가 직접 고른 책을 읽어주자. 책이 지루하거나 너무 길어서 읽기 힘들어한다면 다 읽지 않고 다음 순

서로 넘어가도 좋다. 지금은 책 내용이 아니라 엄마와 아이 그리고 책과 친해지는 시간, 자연스럽게 독서습관을 들이는 것이 목적이라는 걸 잊지 말자. 이 순간들 자체가 함께했던 소중한 추억이 될 것이다.

5. 서로 책 읽어주기 시간이 지났다면 다음 시간에는 그동안 읽었던 책 목록을 정리하는 시간이라고 예고하고 마무리를 한다.

03 – 이순신도 인정! 《난중일기》보다 나은 책일기 쓰기

일기 쓰기에 대해 찬반이 있는 것처럼 필자 개인적으로는 책을 읽고 독후감을 쓰거나 책 목록표를 만드는 일이 중요하다고 생각하진 않는다. 그러나 독후감 쓰기를 재미있게 할 수만 있다면 읽었던 책 내용에 대해 다시 한번 생각해보는 것이 좋다. 이런 활동의 습관이 다독으로 이어지기도 한다. 그동안 읽은 책 목록을 한눈에 보면 뿌듯하기 때문에 나무를 키우듯 한 권, 두 권 채우기 위해서라도 책을 열심히 읽어야겠다고 생각하게 되는 것이다.

1. 미리 아이와 함께 책일기를 쓸 예쁜 노트와 그동안 읽었던 책들을 준비한다.

2. 책을 살펴보며 어떤 것을 책일기에 적으면 좋을지 책에 대해 이야기를 나눈다. 그러고 나서 책일기에 책 제목과 작가, 출판사 등 필요하다고 생각되는 것들과 엄마가 보기에 중요하지 않은 내용이더라도

아이가 이야기한 것들 역시 적어보자. 가능하면 책에 대한 설명과 함께 책을 읽기 전 마음과 읽은 후의 느낌을 같이 적는 게 좋다. 아이가 막막해한다면 독서 전후의 마음을 엄마가 먼저 적으면서 아이에게 보여주면 된다.

3. 독서하다 보면 어느 날은 정말 책 읽기가 싫을 때가 있는데, 그런 날 책일기를 활용하면 좋다. 책일기를 뒤적이며 기억나는 이야기를 나누어보자. 그 책을 읽었던 때를 떠올리면 책에 대해 더욱 선명하게 기억하고 이해할 수 있다.

다독하는 독서의 고수들은 좋은 책은 2번 이상 읽으라고 권한다. 처음 볼 때와 다시 볼 때 보이는 것이 다르다는 것이 주된 이유다. 책일기를 뒤적이며 이야기를 나누면 책을 다시 읽을 수 있게 되기도 하고, 책의 내용을 떠올리며 현재 자신의 생각과 비교해볼 수도 있으니 더 좋다.

4. 다음 시간에 읽을 책을 어떤 식으로 정할지 이야기해보자. 추천도서를 읽을지, 평소 읽고 싶었던 책이 있었는지, 아이가 어리다면 집에 있는 책 중 고르도록 하는 것도 좋다.

Book Diary

책 제목 : 아무도 듣지 않는 바이올린

작가 이름 : 게선스탄든

출판사 : 책과 콩나무

읽은 날짜 : 2017년 6월 16일

2부.

독서불패론, 내 아이를 망친다

01

학습을 위한 책 읽기 vs 책 읽기의 즐거움

독서하는 사람들의 수만큼 독서의 이유나 독서를 좋아하는 이유 역시 다양하다. 독서뿐만 아니라 다른 일들도 그럴 것이다. 다른 일들은 싫증이 나거나 이런저런 이유로 그만두고 싶다는 생각이 들면 잠시 멈추고 휴식기를 갖기도 하고, 흥미로운 다른 일을 찾아 나서기도 한다.

그러나 유독 독서만은, 특히 학생시절의 독서만은 이런 다양함을 불허하는 듯하다. 독서가 이렇게 특별한 취급을 받는 이유는 독서의 필요성을 경험했든 그렇지 않든 독서가 평생 습관으로 중요하다는 것을 상식처럼 알고 있기 때문이기도 하고, 현실적으로 초중고 시절의 독서가 여러 가지 이유로 반드시 필요하기 때문이기도 하다.

애석하게도 지나칠 정도로 실용적인 목적을 앞세운 독서율은, 12년 동안의 학교생활을 마치고 대학에 들어가는 순간 이전의 절반으로 급

락한다. 여기에도 여러 이유가 있지만 가장 강력한 것은 다양한 장르의 글들을 그것도 글 전체가 아닌 글의 일부분만을 읽고 시험을 보기 위해 분석해야 하는 국어시간의 역할이 컸을 것이다. 읽는다는 것이 즐거움이 아니라 무조건 해야만 하는 공부였을 테니까. 또 대학에 가면 수행평가나 독서이력제 등 강제적인 요인들이 사라지기 때문이기도 하다.

파블로프의 개 실험은 조건반사 실험으로 유명하다. 원래는 침샘을 연구하는 것이 목적이었으나 먹이를 주려고 다가가는 연구자의 발소리에 침을 흘리는 개를 보고 고전적 조건화 실험을 한 것이라고 한다. 개는 발소리를 듣고 먹이와 연결시켰고, 뇌는 즉각적으로 반응해 먹이를 먹기 직전의 상태로 침을 흘리게 되었다. 이 실험은 유태인들의 교육과도 매우 닮았다.

유태인들은 알파벳을 처음 교육할 때 글자에 꿀을 발라 찍어 먹게 하거나, 케이크 위에 써 놓은 알파벳을 맛보게 한다고 한다. 배움이 꿀이나 케이크처럼 달다는 것을 알려주기 위함이다. 이런 고착은 우리의 교육에서도 필요한 부분이지 않을까 한다. 배움을 학습적인 측면으로만이 아니라 일생에 걸쳐 즐거움을 얻을 수 있는 감사한 일로 여길 수 있도록 해야 한다.

우리나라의 경우 아이들이 글자를 익히는 시기가 빠른 편이다. 신생아 때부터 그림책을 보여주고, 대부분 4세 때부터 읽기나 쓰기를 위한 학습을 시작한다. 그래서인지 빠르면 유치원 단계 이전부터 글자를 읽거나 간단하게 쓰는 아이들이 있기도 하다. 이런 추세 때문에 초등학교 입학을 앞두고 글자를 모르는 자녀가 있는 경우 학부모들은 학교생활이 어렵지 않을까 걱정하기도 한다.

그러나 이런 식의 글자 학습은 독서에는 좋지 못한 영향을 줄 수도 있다. 글을 익히게 해서 책을 혼자 읽을 수 있게 한다는 기본 전제가 깔린 일이기 때문에 생각해봐야 할 문제다. 독서습관을 어린 나이부터 들이고도 싶고, 책을 많이 읽게 하고도 싶은 것이 부모의 바람일 것이다. 아이에게 계속 책을 읽어주는 게 힘들고 어려우니 하루라도 빨리 글자를 익혀 혼자 책을 읽었으면 좋겠다 싶을 것이다. 이런 목적을 가진 글자 학습이 독서에 있어서는 독이 된다. 물론 글자를 읽거나 쓰는 것이 학습을 위해 매우 중요한 기초단계라서 너무나 당연한 우선순위라고 말하는 사람도 있을 것이다. 그러나 양육자가 읽어주는 책을 들으며 상상을 펼치고, 교감을 나누던 즐거움이 사라져버린다면 읽기는 즐거움이 될 수 없다. 아직은 제대로 책에 대한 애착과 신뢰를 쌓기 전이기 때문이다. 이런 상황에 학교에 들어가게 되고 집과 학교에서도 학습 향상을 위한 읽기가 우선일 경우 읽기에 대한 즐거움은 완전히 사라져버린다. 그러다 강요받던 학습이 끝났다고 생각하는 시기, 즉 대학생이 되면 학습과 동일시되었던 독서도 함께 졸업하게 된다.

사실 읽기는 즐겁다. 읽어야 한다는 동기부여도 중요하지만 책을 읽는 동안 느끼는 즐거움에 중독되는 경험이 더욱 중요하다. 책을 읽고 성공했다는 많은 사람들의 간증 같은 이야기들을 종합해보면 처음엔 되는 일이 하나도 없어 고통스러웠는데, 어찌어찌 우연한 기회에 책을 읽으며 삶이 바뀌었다는 이야기를 한 번쯤 들어봤을 것이다. 혹시나 하는 맘으로 읽은 책에서 많은 것들을 배우기도 했지만 읽는 즐거움에 멈출 수가 없었다고 한다.

'여기서 책 읽기의 즐거움으로 멈출 수가 없었다'는 대목이 중요하다. 책 읽기의 즐거움에 중독되어 이제 책을 읽지 않으면 안 되는 사람이 되었다니? 이런 경험은 특별한 사람들에게만 생기는 것이 아니다. 자유롭게 읽을 수 있고, 자신에게 맞는 책을 고를 수만 있다면 누구나 가능하다. 책을 읽는 동안 사람의 뇌는 수많은 생각을 하고, 수많은 이미지들을 떠올린다. 그리고 그런 것들이 마치 영화나 드라마 같은 즐거움을 느끼게 한다.

학습을 위해 강요받은 읽기는 이런 많은 것들을 방해한다. 우선 논리적이거나 설명적인 글들인 경우가 많다. 또 그 시대를 반영한 책들보다는 배경지식이 어느 정도 필요한 작품들이 많다. 학습을 위한 읽기를 한 후에는 관련된 문제를 풀어야 한다는 점이 읽기의 즐거움에 빠지는 것을 방해하는 원인이다.

읽기의 즐거움에 중독되기 위해서는 자신의 취향에 맞거나 혹은 필요하다고 느끼는 책을 선택해서 읽을 수 있어야 한다. 한두 번이라도 그런 경험이 있어야 이후 다양한 책들을 접할 수 있다. 같은 터키 관련 책이라도 다음 주에 터키로 여행을 가려는 사람이 읽는 것과 그렇지 않은 사람이 읽는 것은 확연히 다를 게 뻔하지 않은가? 처음부터 강한 운동을 시작하는 것이 아니라 운동 습관을 들이기 위해 처음엔 자신의 강도에도 맞고 재미있는 운동을 시작한 후 서서히 강도를 높이고 다양한 운동을 경험해보는 과정과 같다.

책 읽기를 평생 습관으로 가져갈 수 없는 가장 큰 적은 어쩌면 독서 불패론의 신화 때문이 아닌가 싶다. 책을 많이 읽으면 공부를 잘한다는 말을 강조한 결과다. 무조건 책을 많이 읽는다고 학습이 향상되는 것도 아닌데 말이다.

학년에 따라 정해진 책 읽기 vs 개인 역량에 따른 책 읽기

자녀 독서교육에서 힘든 것 중 하나가 바로 어떤 책을 읽게 할 것인가다. 자녀교육에서뿐만 아니라 성인이 된 후에도 어떤 책을 읽어야 할지 모를 때가 많으니 모두의 고민일 수 있다. 어떤 책은 재미도 있고 현실적인 문제에 대한 답도 얻을 수 있지만, 어떤 책은 몇 줄 읽었을 뿐인데도 졸리기만 하고 이해하기가 힘들다. 이럴 때면 많이 먹어본 사람이 먹을 줄 알고, 돈도 써본 사람이 쓸 줄 안다는 말이 과히 틀리지 않은 것처럼 느껴진다. 책 역시 많이 읽어본 사람이 좋은 책을 쉽게 찾을 수 있다. 좋은 책이란 읽기도 쉽고 내 삶에 적용할 수 있는 책, 혹은 상상력을 키울 수 있는 책 등 각자 다양한 정의를 내릴 수 있을 것이다. 이런 각자의 정의로 내린 좋은 책을 찾을 수 있는 안목이 있어야 책 읽기의 즐거움도 누릴 수 있는 셈이다.

많이 먹어보지 못한 사람이 좋은 식당을 찾기 위해 할 수 있는 방법은 속칭 '지인 찬스'를 써서 지인에게 추천을 부탁하거나, 인터넷 검색을 통해 맛집을 찾아내거나, 무작정 맛있을 거 같은 집에 들어가거나, 그도 아니면 기억을 더듬어 과거에 맛있었던 음식점에 가보는 정도일 것이다. 책을 선택하는 것도 비슷하다. 지인이나 단체 등에서 추천해준 추천도서를 읽는다. 또 교과와 연계된 책을 읽거나, 누군가가 재밌었다고 했던 책을 읽거나, 서점에 나가서 왠지 끌리는 책을 읽는 방법으로 정리할 수 있다.

이런 방법이 매우 보편적이고 일반적인 것이라고 생각하겠지만, 책을 선택하는 방법이 많지 않다는 것은 아이들에겐 문제가 될 수도 있다. 먼저 학년 추천도서처럼 학년을 기준으로 정해준 책이 문제가 되기도 한다. 각자의 취향이나 읽기 능력을 고려한 것이 아니기 때문에 책 읽기가 힘들다고 느껴 피하게 되기 때문이다. 게다가 누구나 다 읽는 책이라 줄거리가 너무 많이 알려져 흥미를 잃는 경우도 있다. 줄거리만 알 뿐이면서 그 책을 알고 있다고 생각한다. 또 정해준 추천도서만으로도 자신의 독서가 충분하다고 생각한다는 문제도 있다.

추천도서로 정해 놓은 책들의 대부분은 통계적으로 발달 단계에 따라 혹은 학년에 따른 학습과정과의 연계를 생각해 정해진다. 독자가 책을 이해할 수 있는지, 상황에 맞는지, 좋아하는 책인지 등의 정보는 고려되지 않는다. 간단하게 생각하면 나이와 학년에 따라 이 정도는 읽어야 한다고 정해서 읽게 하는 셈이다.

아이가 태어난 후 처음 책을 읽히려고 할 때는 책과 친해지게 하기 위한 것이 목적인 경우가 많다. 1992년 영국에서 시작된 북스타트(Bookstart) 운동 역시 평생교육의 일환으로 시작되었으며 우리나라도 북스타트 운동을 통해 생후 3개월부터 책과의 만남을 시작하고 있다. 이 운동이 의도한 대로 어린 시절부터 책과 친해진 아이들은 청소년기나 성인이 된 이후에도 책을 좋아하는 사람이 되었다고 한다. 꼭 북스타트 운동이 아니더라도 어린 시절에 책을 만난 아이들은 성장하는 동안 책을 가까이할 것이다.

이와는 다르게 어린 시절부터 책을 접하지 못했던 아이들이라 하더라도 성장하면서 어떤 계기로 인해 책과 운명적으로 만나게 되는 경우 책을 인생의 친구로 받아들이게 된다. 이때 중요한 게 책에 대한 첫인상이 좋아야 한다는 점이다. 어린아이가 처음 책을 만나게 되었을 때처럼 자유롭게 책을 골라보기도 하고, 한 장밖에 안 읽었더라도 어렵다고 느끼면 책을 덮고 읽지 않을 자유도 주고, 다양한 책 놀이를 통해 책이 자신을 즐겁게 할 수 있다고 느끼게 만들자. 그렇게 책에 대한 인상이 좋아진 후에는 처음 책을 읽히려고 하는 목적이 무엇이냐에 따라 글이 있는 책을 읽힐 것인지 글이 없는 책을 읽힐 것인지를 선택한다.

이때부터 책을 정하는 기준을 가지면 된다. 누군가가 정해준 책 목록에 따르는 것이 아니라 아이의 책 읽기 역량에 따라 책을 고른다. 글자를 익히는 것이 목적이라면 글자를 익히는 단계에 맞춰 받침을 배우는 단계인지, 자음과 모음을 익히는 단계인지를 고려해 책을 선택한다.

또 아이가 한참 곤충에 관심이 있다면 곤충과 관련된 책을 읽혀 관심과 지식을 확장할 수 있도록 하며, 많은 것을 상상할 수 있도록 해주는 것이 좋다. 이런 과정이 개인 역량에 따른 읽기 교육이다.

언제 시작하느냐보다 더 중요한 것은 책 읽기가 삶에 도움이 되도록 읽을 수 있게 해주는 것이다. 개인적으로 하지 않았으면 좋겠다고 생각하는 학교 행사 중 하나가 '독서퀴즈'다. 책을 읽고 사실적인 내용을 위주로 물어보는 대회 말이다. 행사 자체가 책에 적힌 사실을 중요하게 여기니 주인공이 갔던 장소를 외우고, 친구의 이름을 외우고, 사건을 시간 순서대로 기억하는 등 우리가 늘 하던 시험공부처럼 책을 읽는다. 이런 방식의 읽기는 시험 보기 전에 교과서를 읽는 것과 같다.

책을 읽는 본질적인 이유를 생각해봐야 한다. 사실적인 내용을 기억하기 위해 책을 읽는 것이 아니다. 주인공이 10살 때 부모님을 여읜 것이 중요한 게 아니라 어린 시절에 부모를 여의고 겪은 마음에 공감하게 되는 게 더 중요하다. 책의 사실적인 내용보다 나에게 온 변화가 더 중요하다. 줄거리를 줄줄 말하면서도 아무런 느낌을 받지 못했다면 책을 읽기 전과 다를 것이 없다. 그런 책 읽기는 시간 낭비일 뿐이다.

책 읽기는 양의 문제도 아니고, 모두에게 맞는 기준이 필요한 것도 아니다. 자신에게 필요한 책을 그때그때 기준을 정해 개인의 역량에 따라 읽으면 된다. 만약 아이가 자신에게 맞는 책을 잘 고르지 못한다면 엄마가 먼저 책을 읽어보자. 평소 아이의 관심 분야나 성향을 잘 알고 있다면 재미있게 읽을 수 있는 책을 고르는 것이 어렵지 않을 것이다.

소곤소곤

만약 아이의 읽기 능력을 판단하고 싶다면 전문가에게 진단을 받는 것이 최고다. 그러나 이런저런 이유로 힘들다면 교과서 내용을 어느 정도 이해하고 있는지 살펴보도록 하자. 교과서는 학년에 따라 이해해야 하는 최소한의 내용을 담고 있기 때문에 교과서를 제대로 이해하지 못한다면 부모가 아이의 읽기 능력에 관심을 가져야 한다. 교과서를 함께 읽으며 다음 순서대로 하나씩 점검해본다.

1. 단어 이해력을 점검한다.
2. 문장의 이해력을 점검한다.
3. 전체적인 문장이나 이야기를 기억하는 정도를 파악한다.

어느 정도의 읽기 능력의 문제점들을 찾을 수 있을 것이다. 그리고 이를 해결해주면 독서능력 향상만이 아니라 학습능력도 향상시킬 수 있다. 가끔은 교과서로 아이의 읽기 능력을 살펴보길 바란다.

한 번만 읽기vs 반복해서 읽기

첼로의 대가이자 96세였던 첼리스트 파블로 카잘스에게 기자가 물었다. 하루에 6시간씩 빼놓지 않고 연습하는 이유가 뭐냐고. 카잘스는 미소 지으며 자신의 실력이 조금씩 나아지고 있다고 대답했다. 카잘스의 일화를 자녀들에게 들려줄 마땅한 타이밍을 찾는다면 어떤 일이든 연습이 필요하다든가, 무슨 일이든 반복해서 하면 실력이 향상된다는 말을 해주고 싶을 때가 적당할 것이다.

카잘스뿐만 아니라 우리 모두는 무엇인가를 배우기 위해 수많은 시행착오를 겪는다. 처음 걸음마를 배울 때 최소 2000번 이상을 넘어지고 주저앉는 실패를 겪는다는 말을 들어본 적이 있을 것이다. 태어날 때부터 걸었던 것처럼 자연스러운 걷기조차도 수많은 실패를 겪으며 한 발 한 발 도전한 노력의 결과다. 결국 하품이나 눈물 같은 동물적 본능으로 할 수 있는 일이 아닌 한 뭔가를 배우기 위해서는 시행착오와 함께 반복된 노력이 중요하다. 뭔가를 배우기 위해서는 그만큼의 시간을 투자해야 하는 셈이다.

아이들이 뭔가에 너무 몰입하면 부모들, 특히 초보 부모들은 걱정이 태산이다. 아이가 그 일에 지나치게 빠져서 다른 일을 하지 못하게 될까 봐 지레짐작으로 노심초사한다. 집중력 향상에 좋다고 해서 블록 놀이를 사주긴 했지만 아이가 너무 집중해서 블록 놀이에 빠지면 시간 제한을 두고 놀게 한 후 다른 학습적인 것들을 병행하게 한다. 놀이일 뿐이라고 생각하기 때문이기도 하지만 자녀가 너무 하나에만 빠져 고른 발달에 문제가 생길까 봐 걱정한다. 공부가 중요한 학생 시기라면 말할 것도 없다.

그래서인지 독서에 관련된 강의 중 같은 책만 보려고 하는데 괜찮은 건지를 묻는 질문이 많다. 반복해서 같은 책만을 읽으려는 아이들이 문제가 있는 것은 아닌지 걱정한다. 결론부터 말하면 전혀 걱정할 필요가 없다고 생각한다. 아이가 어리면 어릴수록 이런 현상을 많이 보게 되는데 아이들의 심리와도 관련이 있는 듯하다. 아이들이 애착 이불을 들고 다니며 안정감을 느끼는 것처럼 같은 책을 반복해서 읽어달라고 하거나 스스로 읽는 것은 심리적인 안정감 때문이라 할 수 있다. 여행을 다녀온 후 집에 오면 익숙한 것들에 심리적 안정감을 느끼는 것처럼 이미 알고 있는 이야기라서 편안하게 이야기에 빠져들 수 있다.

같은 책만 읽어서 독서의 효능이 떨어지는 것도 아니다. 엄마가 보기엔 같은 책을 읽는 것 같지만 아이들은 매번 새로운 상상을 하고, 새로운 것들을 찾아내고 있기 때문이다. 새로운 책이라도 된 것처럼 읽을 때마다 새롭다. 성인들의 독서도 그렇다. 같은 책을 읽어도 연령에 따라 혹은 상황에 따라 의미가 달라지고, 느끼는 감동이 다르지 않나.

그러나 학년이 올라가면서도 이런 성향이 바뀌지 않는다면 다른 책에 관심을 갖도록 환경을 바꿔줄 필요는 있다. 같은 책만 보려는 것은 유아기에서 보이는 경향이 많은데 학교에 들어가고 학년이 올라가는데도 그렇다면 읽기에 문제가 있을 수도 있기 때문이다. 이런 경우 서점에 가서 흥미를 가지고 읽을 수 있는 책을 자유롭게 고르게 하거나 반복해서 읽는 책과 같은 분류의 책들을 주변에 놓아주는 등 다른 책에 관심을 갖도록 유도해보자.

맘마, 지지 같은 유아기 언어는 유아기가 지나면 자연스럽게 사라진다. 성장하면서 자연스럽게 연령에 따른 언어로 바꾸지 못할 경우 어른들이 아이가 하는 말을 새로운 어휘로 되받아 말해주면서 자연스럽게 익힐 수 있게 하는 것처럼 책도 그렇다. 자연스럽게 새로운 책에 흥미를 가질 수 있는 환경을 만들어주거나 좋아하는 책을 두 번 읽고, 새 책을 한 번 읽자고 하는 식으로 새로운 것들을 접하게 해주려는 노력이 필요하다. 반복해서 읽는 것은 문제가 되지 않지만 읽기 능력을 향상시키고, 독서습관을 들일 수 있도록 관심을 가져야 한다.

04

깨끗하게 읽기 vs 흔적 남기기

내가 어렸을 때는 책을 접하기가 어려웠다. 학습서가 아니면 책을 사는 게 쉽지 않은 시절이라 학교 도서관이나 지역 도서관에서 책을 빌려 읽었고, 그러다 보니 책에 밑줄을 긋거나 뭔가를 적는 행위는 안될 일이었다. 도서관 곳곳에 이곳의 책들은 공공의 물건이니 깨끗이 읽어야 한다는 문구들도 자주 보였다.

책을 깨끗하게 읽는 것이 문제가 되는 것은 아니다. 특히나 도서관처럼 여러 사람들이 이용하는 곳의 책은 당연히 깨끗하게 읽어야 한다. 따라서 깨끗하게 읽기에 대해서는 각기 다른 견해를 가질 수도 있을 것이다. 굳이 이런 당연한 말을 하는 이유는 책을 깨끗하게 다루는 행위가 아니라 사고(思考)에 대한 이야기를 하고 싶어서다. 책을 깨끗하게 읽는다 하더라도 책을 읽으며 혹은 읽고 난 후 생각하는 시간을 많이 가질 수 있다면 책을 깨끗하게 읽느냐 아니냐는 중요하지 않다.

독서에 익숙해지면 생각하는 것이 자유로워진다. 자유로워진다는 것은 여러 가지 의미가 있다. 생각해야 하는 문장과 지나쳐도 되는 문장을 구별할 수 있고, 작가가 주는 메시지가 무엇인지 앞뒤 문맥을 통해 유추해낼 수 있다는 것을 의미한다. 또 책을 통해 상상하고, 자신의 삶에 적용해보는 등의 생각을 할 수 있음을 의미하기도 한다. 이런 자유를 얻기 위해서도 나름의 연습이 필요하고, 책을 읽으면서 독서능력을 쌓는 물리적인 시간도 필요하다.

책을 한 번 읽는 것만으로 마치 스캔한 것처럼 모두 기억할 수 있다면 좋겠지만 그게 아닌 한 읽은 책의 내용을 효율적으로 적재적소에 사용하기 위한 활용법에 대해 고민해봐야 한다. 책을 읽을 때 기호를 정해 밑줄을 긋거나 동그라미를 치는 등의 방법으로 한 번 읽고 마는 게 아니라 읽고 난 후 나중에 생각할 부분을 표시해두는 습관을 만들어야 한다. 아이들이 자라면 자랄수록 점점 읽는 책도 많아지고, 내용이 가지고 있는 의미들도 여러 갈래로 나뉘기 때문에 생각해봐야 할 것들 역시 많아질 것이기 때문이다.

독서카드를 작성할 때의 원칙은 '한 장에 한 메시지(one page, one message)'다. 하나의 카드에는 반드시 하나의 메시지만 적는다. 카드 한 장에 여러 가지 메시지를 적으면 산만해져서 개념이 잘 잡히지 않는다. 독서카드에는 작성한 날짜와 출처도 함께 기록한다. (중략) 아침에 일어나면 다시 또 그 카드를 읽는다. 출근할 때는 가방 속에 카드를 넣고 나와서 지하철이나 버스 안에서 다시 읽는다. 이런 과정을 반복하면 일주일 만에 독서카드에 적혀 있는 내용을 전부 다 암기할 수 있다.

- 《넘버원이 아니라 온리원》, 길영로, 페가수스, p181

이 책의 저자처럼 독서를 많이 하고, 오랫동안 해온 사람들은 각자 나름의 방법들이 있다. 책을 읽는 동안만이 아니라 책을 읽고 난 후에도 책을 자신의 것으로 만들기 위해 많은 시행착오를 걸쳐 자신만의 방법을 갖게 된 것이다.

그러니 책을 깨끗하게 읽지 말라는 말은 책에 낙서하면서 읽어야 한다는 물리적인 이야기가 아니라 책을 내 것으로 만들기 위한 방법이 필요하다는 것으로 이해하길 바란다. 어쨌든 책은 절대 깨끗하게 읽어야 하는 신성한 존재가 아니라는 것만은 분명하다. 읽는 동안 내용에 대한 고민의 흔적이 책에 남아 있어야 한다. 책을 읽을 당시에 떠오르거나, 관련하여 더 생각해봐야 할 것들, 혹은 이해되지 않는 것 등 나만의 생각들을 남기자. 그래야 한 권의 책을 읽더라도 자신의 것으로 만들 수 있다.

모든 책을 그렇게 읽을 수 없다면 포스트잇을 활용하면 좋다. 책을 읽으며 떠오르는 생각이나 궁금한 내용 그리고 모르는 단어 등을 포스트잇에 써서 붙여둔다. 그리고 그 포스트잇의 내용을 이해했거나 생각이 끝났다면 앞서 나왔던 책일기장 같은 곳에 붙여둔다. 나중에 그 책일기를 보며 다시 한번 내용을 떠올릴 수도 있고, 읽었던 당시와는 달라진 생각에 대해 덧붙여 써넣을 수도 있다. 한 권의 책을 읽었을 뿐이지만 생각에 생각을 더해 깊이를 더하는 사고를 할 수 있고, 나의 것으로 만들 수도 있다.

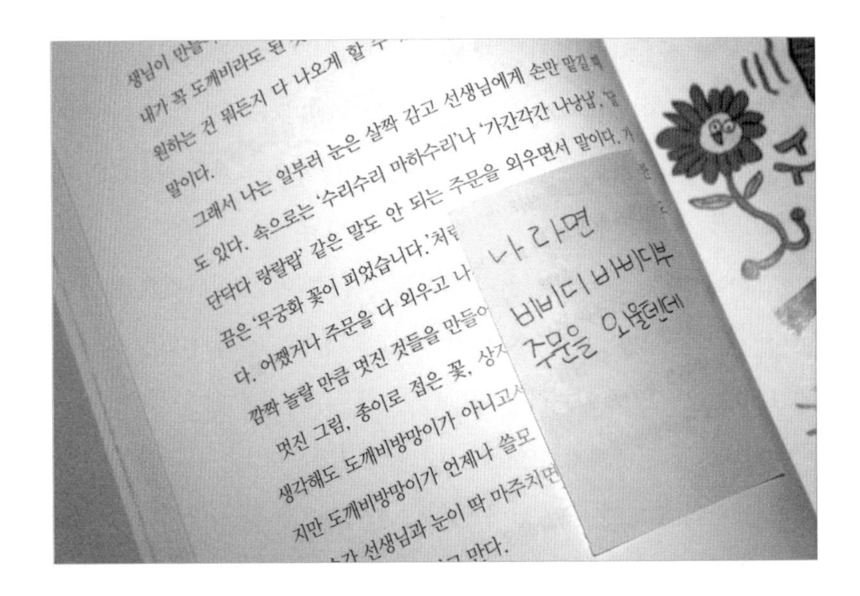

혼자 책 읽기 vs 가족들과 함께 읽기

자주 대화하지 않는 사람과 어떤 이야기를 하려면 장황하게 설명해야 하거나 서로 어휘에 대한 느낌이 달라 오해를 사는 경우가 있다. 함께한 시간이 적으니 경험도 다르고, 서로에 대해 알지 못해 생기는 일이다. 그런 면에서 가족은 함께하는 시간과 같이 공유할 수 있는 추억이 많아 어지간한 일은 별 설명 없이도 통과되는 경우가 많다.

가끔 어린아이들이 내게 하는 말을 알아듣지 못할 때가 있는데, 대부분은 말을 배운 지 얼마 되지 않아 발음이 어설픈 경우다. 신기하게도 아이 엄마들은 그 말을 알아듣고 통역해준다. 엄마와 많은 시간을 함께 보내니 어쩌면 당연한 일인지도 모른다. 함께한다는 것은 쉽게 많은 것을 이해하도록 도와주는 중요한 요소다.

"평양냉명집이다!"

"뭐라고?"

"평양냉면집이라구요.《피양랭면집 명옥이》기억 안 나요?"

"아~ 맞다! 피양랭면집, 명옥이!"

작은아이가 초등학교 3학년 때쯤 차를 타고 가면서 본 평양냉면집 간판을 보고 나눈 대화다. 작은아이가 재미있다면서 내게 읽어준 그림책이지만 사실 나는 퇴근 후의 피곤함에 중간중간 졸기 일쑤여서, 고백하자면 내용을 대충 짐작만 하는 정도였다. 그래도 아이가 제목을 읽어줄 때는 나름 상태가 좋아서 또렷이 기억하고 있었나 보다. 아이는 신나서 계속 주절주절 이야기를 한다.

"근데 왜 평양냉면집은 별로 없어요? 함흥냉면집은 많은데?"

한 번도 생각해보지 못한 질문에 살짝 당황했지만 언젠가 먹어보았던 평양냉면의 뭔가 섭섭하게 느껴지던 밍밍한 맛이 기억났고 나름의 생각을 이야기해주었다. 이 에피소드를 강의 때 자주 꺼내곤 하는데, 엄마가 직접 아이를 지도하면 좋은 점이 이런 것이라고 생각하기 때문이다. 굳이 아이를 지도하려는 교육적인 의도가 아니더라도 가족이 혹은 아이와 함께 공유할 수 있는 이야기가 있다는 것은 좋은 일이다. 교육적인 차원이라면 여러모로 활용할 수 있는 계기가 되니 더 좋다.

만약 아이가 혼자서 《피양랭면집 명옥이》를 읽었다면 내게 구구절절 이야기를 해줘야 했을 것이다. 물론 아이가 책을 읽고 줄거리를 이야기하는 것은 독서지도 면에서 좋은 방법이긴 하지만 이런 식으로 매번 설명해줘야 한다면 언젠가는 말하려다 말거나 깊이 있는 대화로 이어지기 어렵다. 함께 책을 읽으면 쉽게 그때로 돌아가 대화를 이어갈 수 있다.

"엄마, 그날 내가 책 읽을 때 자는 거 아니었어요? 나는 엄마가 이 책 잊어버렸을 줄 알았는데."

"사실은 그날 너무 피곤했었는데 눈치챘구나. 그렇지만 졸면서도 네가 재미있게 읽어줘서 내용은 기억이 날 듯해. 그리고 제목 읽을 때는 안 졸았거든. 나는 네가 책 읽어주는 시간이 제일 행복한 시간이야. 완전 행복해."

"그럼 오늘도 집에 가서 책 읽어줄까요?"

이런 식으로 대화가 이어지면서 자연스럽게 서로의 감정에 대해서도 이야기할 수 있다. 또 함흥냉면집과 평양냉면집의 차이에 대해서도 말하면서 새로 알게 된 어휘 하나를 확장시켜 지식을 넓히고 사고를 확장시킬 수도 있다. 물론 그날 차 안에서는 내 경험만을 말해주었지만 평양과 함흥이 북한에 있다는 이야기며, 그래서 실향민들이 그런 북한 음식점들을 하기도 하고, 많이 찾기도 한다는 이야기까지 나누었다. 차

안이 아니라 다양한 정보를 찾아볼 수 있는 장소였다면 더 많은 것들에 대해 이야기할 수 있었을지도 모른다.

함께 읽는다는 것은 같은 시간에 함께 읽는 행동만을 의미하는 것이 아니다. 책을 매개체로 함께 나누는 대화까지를 포함한다. 아이를 훈육하기 위해 어른들은 자주 자신의 어린 시절과 비교하거나 주위의 다른 사람들과 비교하는데, 그럴 때 아이가 읽은 책을 알고 있다면 그 주인공을 통해 훈육하면 어떨까라는 생각을 해본다. 훈육이라는 느낌보다는 교훈을 주는 대화를 했다고 느낄지도 모르며, 어쩌면 훗날 많은 이야기해주었던 추억으로 기억할 수도 있지 않을까?

04 - 책표지에 숨겨진 비밀 찾기

이쯤 되었으면 본격적으로 독서지도에 들어가도 좋다. 아이가 엄마와 책을 가지고 시간을 보내는 것에 어색해하지 않고 국, 영, 수는 아니지만 또 다른 학습의 일종이라고 의심하지도 않을 단계니 말이다.

이 단계에서는 순서가 중요하지 않으니 그냥 이것저것 그날의 상황에 따라 활동해도 된다. 보통 독서지도를 할 때 독서 전, 중, 후로 나누는 경우가 많은데 사실 그런 순서가 중요한 것은 아니다. 밥을 먹고 반찬을 먹을 수도 있고, 반찬을 먹고 밥을 먹을 수도 있고, 아니면 수저에 밥을 얹고 그 위에 반찬을 얹어 한 번에 싹~ 다 먹을 수도 있는 것처럼 말이다. 그런데도 굳이 순서를 두어 설명하는 것은 독서를 즐겁게 혹은 제대로 깊이 있게 하기 위한 전략쯤으로 받아들이면 된다.

1. 가게 간판은 그 가게의 정체성을 보여주는 결정체다. 국수를 파는 집인지, 짜장면을 파는 집인지 단박에 알 수 있다. 책표지도 마찬가지다. 가끔 반전 매력을 가진 책표지도 있지만 보통은 책표지를 통해

책의 내용을 유추해낼 수 있다. 그러니 때로는 '오늘은 책표지만 보는 날'을 정해보자. 책표지를 보라고 하면 보통 책 앞뒤만을 보는데 '책날개'라고 부르는 부분까지 볼 것을 권한다. 이야기할 수 있는 내용이 더 욱더 풍성해질 것이다.

2. 이미 읽은 책이라면 표지를 통해 책 내용을 얼마나 알 수 있는지, 책표지에서 보여주고 있는 것은 무엇인지 이야기해보자. 내용을 알고 있기 때문에 책표지에 나온 그림이 무엇을 말하려고 하는지 쉽게 이해할 수 있을 것이다. 이미 읽은 책으로 해보는 이런 활동은 낯선 책의 표지를 봤을 때 표지를 통해 많은 것을 읽을 수 있게 하는 실력을 키워준다. 예를 들어 《흥부놀부전》을 읽었다면 책표지에 왜 박을 타는 흥부가 있는지, 제비가 어떤 역할을 했는지를 이야기해본다.

읽지 않은 책이라면 표지를 살펴본다. 예를 들어 표지에 인물이 있다면 옷차림이나 얼굴 등을 보며 뭘 하는 사람인지, 성격은 어떤 거 같은지이런저런 탐색시간을 가져보면 된다. 이때 모든 유추는 표지에 나온 것을 근거로 해야 한다는 게 중요하다. 그냥 그런 거 같아서가 아니라 안경을 쓰고, 책을 들고 있는 것을 보니 책을 너무 많이 봐서 눈이 나쁜 사람 같다는 식으로 표지의 이미지를 최대한 활용해야 한다.

3. 표지의 색에 대해서도 관심을 가져보자. 세상에 있는 수많은 색들 중 굳이 표지의 색을 그것으로 고른 데는 이유가 있기 때문이다. 색이 상징하는 것들에 대해 생각해보는 것도 좋다. 때로 색의 상징과 다른 느낌이라 해도 아이가 나름의 이유를 말하면 훌륭한 생각이라고 칭찬을 아끼지 말아야 한다.

4. 다음 시간에 할 활동을 정해 이야기를 나눈다. 아이가 하고 싶은 활동이 있다면 그것으로, 그렇지 않다면 엄마가 여러 책 중 하나를 소개하고 활동해보도록 유도한다.

05 – 파라텍스트: 본문을 뺀 나머지 읽기

아이가 흥미 있어 하거나 고학년이라면 앞서 했던 '책표지에 모든 것이 숨어 있다'만으로는 아쉬울 것이다. 더 깊이 책표지를 읽고 싶다면 이번 방법들을 활용해보자.

책에서 핵심적인 부분은 당연히 본문 내용이다. 본문 외 책의 제목, 표지, 작가, 프롤로그, 에필로그 등은 이런 핵심적인 본문의 내용을 보완해주기 위해 사용하는 보조 수단들이다. 이런 것들을 '파라텍스트'라고 부르는데, 파라텍스트를 설명할 때면 흔히 '현관문'과 비유한다. 파라텍스트는 책 안으로 들어가기 위한 현관문의 문턱쯤으로 이해하면 된다.

1. 책제목을 보고 이야기를 나눈다. 만약 책제목이 《화요일의 두꺼비》라면 일단 제목을 보고 떠오르는 이미지나 생각들을 이야기해본다. 즉흥적으로 떠오른 이미지를 말해본 다음에는 책표지의 그림들과 함께 책의 내용을 추측한다.

2. 본문의 내용을 정확하게 추론했든 그렇지 않든 전혀 상관없다. 어떤 식이든 책표지의 이미지와 제목을 그럴듯하게 연결하여 생각해낸 것이라면 아이의 창의력을 칭찬한다.

3. 책표지와 제목을 통해 책의 내용을 어느 정도 파악했다면 이제 속표지에 있는 작가의 글이나 작가의 프로필을 함께 읽어보자. 만약 작가의 다른 책들도 읽어보았다면 그 책들의 내용을 떠올리며 비교하면서 이야기를 나눈다.

4. 프롤로그에는 작가가 그 책을 쓴 의도가 들어 있다. 미리 읽어보면 책의 전체 내용을 짐작할 수 있어 책을 고를 때 읽을지 말지 결정할 수 있게 하는 부분이다.

5. 에필로그는 책을 마치면서 쓰는 부분이다. 책을 쓰면서 느낀 생각들 혹은 책을 다 쓰고 나서의 생각이나 독자들에게 전하는 당부가 들어 있다. 프롤로그와 함께 읽어도 좋고 독서 마지막 부분에 읽어도 된다.

6. 이번 활동을 할 때는 엄마도 의문을 가지면서 함께 고민해보도록 하는 게 좋다.

"엄마라면 화요일보다는 목요일의 두꺼비라고 했을 텐데 왜 작가는 화요일이라고 했을까?"

"두꺼비는 왠지 개구리보다 힘도 세고 징그러운 느낌이 드는데 왜 두꺼비를 책의 주인공으로 했을까?"

06 - 색연필 하나로 충분한 창의적 읽기

아이들이 어떤 행동에 집착을 보이거나 놀랄 정도로 열심히 하는 원인을 찾아보면 주변 사람들의 특정한 행동이나 말, 또는 칭찬 등이 동기인 경우가 많다. 아이가 책을 열심히 읽을 때 기뻐하거나 칭찬하면 칭찬이 동기화되어 그 일을 하게 된다. 스스로 원해서가 아니라 주변 사람들의 기대에 부응하기 위해 책을 읽게 되는 경우도 많다. 물론 처음부터 책을 재미있어 하는 아이도 있겠지만 그렇지 않은 경우가 더 많은 게 사실이다. 어떤 형태로든 책을 읽는다는 행동 자체가 즐거워야 평생독서로 갈 수 있다는 걸 기억하자. 그래서 이번에는 놀이처럼 독서할 수 있는 방법을 제안해볼까 한다. 자발적인 독서가로 성장하기 위한 과정이라고 멋지게 표현해보자. 아쉽게도 이번 활동은 빌린 책으로는 할 수 없다.

1. 활동을 즐겁게 하기 위해서 아이가 좋아하는 색연필이나 평상시에 사용하지 못하게 하는 색볼펜을 준비하자. 아이가 스스로 색을 고를

수 있게 하면 더 좋다. 뭔가 자신이 주도적으로 하는 느낌이 들어 으쓱한 기분이 될 것이다.

2. 책을 읽으면서 어떤 경우에 밑줄을 긋거나 동그라미 혹은 세모 등의 표시를 할 것인지를 정한다. 분홍 밑줄은 궁금한 것, 동그라미는 모르는 단어, 해님 표시는 중요한 내용 등 스스로 규칙을 정해보는 것이다. 아이가 유아나 저학년이라면 문장 전체에 밑줄을 긋기보다는 읽기 힘든 단어, 모르는 단어 등에 표시하는 게 좋다.

3. 책을 읽으면서 스스로 정한 규칙에 맞게 표시하게 한다.

4. 독서지도를 할 어른도 함께 읽으며 간단하게 표시하는 것을 보여주는 것도 좋다. 함께 생각해볼 내용이나 아이의 수준에 어려운 단어여서 설명이 필요한 경우 등을 찾아 표시하면 좋다. 물론 함께 읽고 대화를 나누고 싶은 부분 혹은 누군가에게 들려주고 싶은 부분을 표시해보는 것도 멋진 활동이 된다.

5. 책을 다 읽었다면 이제 표시한 내용들을 하나씩 해결할 차례다. 모르는 단어라면 사전을 찾아보자. 인터넷 검색이 딱히 문제가 되는 것은 아니지만 어른도 스마트폰에서 뭔가를 찾으려고 하다가 눈에 띄는 기사나 광고 등을 보며 시간을 낭비하는 경우가 있는데 아이들은 더 하다.

6. 이외에 다른 궁금증들에 대해서도 다시 질문하며 생각해볼 시간을 줘야 한다. 바로 대답해주거나 왜 모르는지 이해할 수 없다는 태도는 좋지 않다. 아이가 궁금해하는 것들의 이유를 이야기해보게 하면서 아이 스스로 어렵거나 궁금하다고 생각한 문장을 다시 읽고 자신이 모르는 것에 대해 인지할 수 있도록 해야 한다. 이런 과정에서 스스로 무엇을 모르고, 아는지 알 수 있는 메타인지가 학습되기 때문이다.

7. 이번 활동은 책을 읽을 때 스스로 즐거운 마음으로 읽게 하려는 것이 주목적이지만, 모든 궁금증을 바로 해결하는 게 아니라 책을 깊이 있게 읽는 방법을 배우게 하려는 것도 있다.

기호	의미

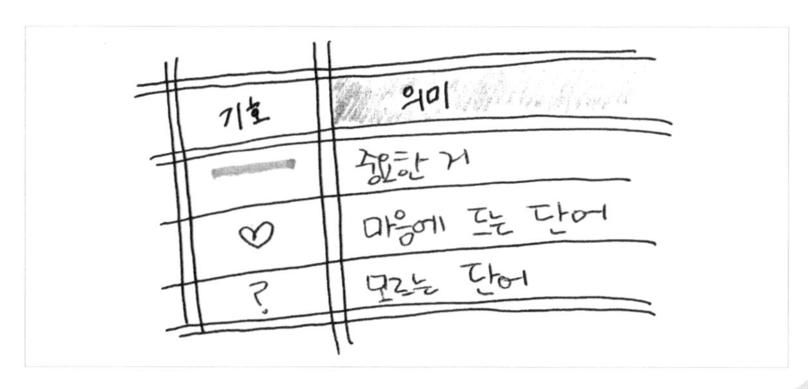

3부.

독서교육에도 철학이 필요하다

엄마 시대의 독서법, 아이 시대에도 통할까?

몇몇 아이들의 경우 입은 옷을 보면 엄마의 성향이 느껴지기도 한다. 엄마 자신은 무난한 옷을 입었지만 그건 그냥 살면서 경제 사정이나 타인의 시선 등을 고려한 결과고 아이의 옷만큼은 자신이 입히고 싶은 대로 입히는 경우가 있기 때문이다. 옷만이 아니라 장을 볼 때도 마찬가지다. 아이가 성장해서 자신의 입맛을 내세우지 않는다면 엄마의 기호를 바탕으로 먹거리가 정해진다. 별다른 문제나 큰 불편함이 없다면 자연스럽게 엄마의 기호에 맞는 것들을 선택하게 된다.

교육도 그런 경우가 많은 듯하다. 선택해서 가르치게 되는 사교육에서 아이의 선택유무나 적성보다 엄마가 생각하는 교육 즉 엄마 스스로 중요하거나 필수 교육이라고 여기는 대로 교육한다. '엄마가 생각하는 교육'이라고 표현하긴 했지만 그 안에는 교육 전문가에게 들었던 지식도 들어 있을 것이고, 자녀교육서에서 보았던 내용도 들어 있다. 그리고 자신의 성장 과정에서 느끼고, 생각했던 것들 역시 들어 있다. 모든 교육이라는 것이 다양한 배경지식을 바탕으로 이루어지기 때문에 무조건 잘못되었다고 단정할 수 있는 것은 아니다. 아이의 기질과 집안 환경, 부모의 양육 태도 등 모든 것이 다르기에 같은 교육을 한다 해도 같은 결과가 나오는 것이 아니다. 그래서 아이를 키운다는 것, 그것도 단순한 양육이 아니라 교육을 더해 키운다는 것은 누구에게나 쉽지 않은 일이다.

그럼에도 반드시 생각해봐야 할 것이 지금 하고 있는 교육이 구석기 시대의 교육이 아닌가 하는 질문이다. 현재를 살고 있으면서도 현재를 살고 있지 않을 것처럼 교육한다는 생각이 자주 든다. '읽기'라고 하면 책만을 떠올리는 것처럼 말이다. 과거의 우리와 현재의 아이들은 완전히 다른 유전자를 가지고 태어난 사람들이라고 해도 과언이 아니다. 태어나면서부터 리모컨으로 텔레비전을 작동시키고, 스마트폰을 보면서 자라난 아이들, '아이젠 키즈'라는 말처럼 요즘 아이들은 온통 디지털로 둘러싸인 세상에서 키워지고 있다. 말 그대로 '디지털 원주민'인 것이다. 그런 아이들에게 엄마 시대와 같은 것을 요구하는 일이 구석기 시대의 유물을 보여주는 일처럼 느껴진다.

그러니 조금씩이라도 스마트하게 바꾸어보자. 읽기의 즐거움을 위해 아이와 나만의 읽기가 아닌 공유하는 읽기를 만들어보는 것도 좋다. 언제부턴가 1인 미디어 시대라고 할 정도로 많은 사람들이 자신만의 미디어 공간을 만들고 다양한 콘텐츠들을 제작해 자신의 이야기를 하고 있다. 나의 경우도 출판사의 의뢰를 받아 책을 내거나 요청을 받아 일정한 장소에 가서 강의하는 전통적인 방식 이외에도 미디어를 통해 이런저런 사정으로 강의에서 다루지 못했지만 하고 싶은 이야기나 글을 연재하기도 한다. 게다가 이런 방송들 중에는 독서지도를 배울 수 있는 것들도 많다. 책의 내용을 이야기해주며 어떻게 이해하고, 지도하면 좋을지 다룬다. 심지어 책을 그냥 읽어주기만 하는 방송도 있다. 콘텐츠를 무겁게 고민하지 않고 미디어를 활용하는 경우가 많은 것이다. 다양한 사람들이 함께 출연해 토론하기도 하고, 각자 쓴 글을 발표하는 장으로 활용하기도 한다. 성인인 우리에게 미디어는 뭔가 있는 사람들, 가진 사람들이 하는 것이라고 인식되었다면 요즘은 나를 표현하는 쉬운 장소처럼 인식된다. 미디어의 좋은 점 중 하나가 하다가 힘들면 멈출 수 있다는 것이다. 만들고 없애는 것이 어렵지 않다. 미디어 공간에 흥미를 느낀다면 읽기와 관련된 것만이 아니라 다양한 면에서의 확장된 변화도 시도해볼 수 있을 것이다.

이렇게 해서 콘텐츠를 제작하기로 했다면 그냥 책을 읽을 때와는 다르게 책을 읽으며 다양한 차원에서 많은 생각을 하게 될 것이다. 무엇을 이야기하고 무엇을 보여줄 것인지 분석하고 고민하며 읽게 된다. 또 다른 사람들의 이야기에도 귀 기울이게 될 것이다. 같은 책을 읽고, 다른 사람들은 어떻게 방송을 만들었는지 다양한 사람들의 미디어를 보기도 하고, 다양한 관점에서 생각해보려고 한다. 사실 책을 읽게 하는 것까지는 어찌할 수 있으나 깊이 있게 생각하거나 다양한 관점으로 생각하는 것을 교육하기란 쉽지 않다. 미디어를 활용하면 이 모든 것들을 능동적으로 실천하게 할 수 있다.

익숙하지 않아서 너무 어렵게 느껴진다면 가벼운 마음으로 블로그나 카페를 만들거나 인스타를 활용해보는 것도 좋다. 요즘은 무엇을 하든 SNS(Social Network Service) 활용도가 높기 때문이다. 누군가 보고 있다는 것은 스트레스가 되기도 하지만 좋은 내용을 공유한다는 면에서는 나눔이 되기도 한다. 물론 모든 일에는 긍정적인 면과 부정적인 면이 함께 공존한다. 그러나 아예 멀리할 수 없다면 긍정적인 면은 부각시키고, 부정적인 면은 개선해 나가는 것이 좋을 것이다. 책을 읽고 서평이나 리뷰를 올리는 북러거에 도전할 수도 있고, 자신의 독서 이력을 기록하는 개인만의 블로그를 만들 수도 있다.

디지털을 이용해 교육한다고 해서 모두 좋은 것은 아니다. 그러나 과거의 교육만을 고집하는 것 또한 아이의 창의력과 상상력을 키우지 못하는 일이다. 엄마가 먼저 다양한 것들을 알기 위해 노력하고, 새로운 것들을 접목해서 교육에 시도해보는 것도 좋지 않을까 한다. 어렵지 않게 정보를 얻을 수 있다. 학부모를 위한 다양한 강의나 많은 새로운 정보를 담고 있는 뉴스들, 그리고 책방 나들이에서 만나는 신간들의 제목을 통해서도 시대가 어떻게 변화하고 자녀교육을 위해 무엇을 해야 할지 생각해볼 수 있다.

독서는 혼자 하는 거라고 누가 그래?

| 질문 1 | 만약 여러분이 집에 가는 길에 한우 A++ 등심을 샀다고 가정해 보자. 이것을 어떻게 먹을까?

① 얼른 가서 혼자 몰래 구워 먹는다.

② 혼자는 그렇고 아이랑 먹는다.

③ 알콩달콩 남편이랑만 먹는다.

④ 온 가족이 둘러앉아 맛있게 먹는다.

최근 들어 부부싸움을 했거나 가족이 둘만 있는 경우가 아니라면 귀한 것이니 가족들이 모두 모였을 때 '함께' 먹는 것을 선택하리라 생각한다. 한우고기만이 아니라 좋은 것이 있을 때면 함께 해야 맛이 배가 된다고 생각하고, 실제로도 혼자 먹는 밥을 좋아하지 않는다. 텔레비전이나 유튜브 같은 곳에서 흔히 '먹방'이라고 하는 게걸스러울 정도로 줄기차게 먹어대는 방송의 시청률이 높은 것은 혼자 먹는 것이 싫어서 텔레비전을 보면서 먹기 때문이라는 의견도 있다. 아이러니하게도 음식은 '함께'를 외쳐대는 사람들도 교육은 많은 경우 '혼자'를 주장한다.

| 질문 2 | 초등 3학년인 아이를 위해 큰맘 먹고 전집을 샀다. 과연 이 책을 어떻게 보관할 것인가?

① 안방에 두고 내가 먼저 읽는다.

② 아이 방에 두고 아이가 읽도록 한다.

③ 거실에 두고 가족 모두 독서 시간을 갖는다.

④ 숨겨두고 한 권씩 꺼내서 읽게 한다.

모르긴 몰라도 2번을 선택하는 경우가 많을 것이다. 앞에서 나온 한 우와는 다르게 아이를 위해 준비한 책이고 독서는 혼자 하는 것이라 생각하기 때문이다. 딱히 독서만이 아니라 우리는 모든 교육에서 이런 태도를 갖는다. '무소의 뿔처럼 혼자서 가라'라고나 할까. 그렇다고 모두 잘못되고 틀렸다는 게 아니다. 어차피 공부라는 것은 동기부여가 된 상태에서 일정 부분 도움을 받을 수는 있을지 몰라도 결국은 혼자 해야만 하는 영역이다. 그러나 독서는 다르다고 생각한다. 함께라면 책 읽기가 지루하지 않을 뿐만 아니라 읽고 난 후 책의 내용을 함께 나누며 혼자

할 때보다 이해하고 분석하는 폭이 넓어진다.

책을 함께 읽는다는 것에 대해 많은 고민을 한 적이 있었다. 물리적으로 시간과 공간을 함께 해야 함께 읽는 것인가에 대한 고민이었는데, 우연히 텔레비전을 보다가 아이디어를 얻었다. 함께 읽지 않아도, 함께 읽은 책을 공유할 수 있는 방법을 찾은 것이다.

텔레비전을 보다가 실장님이 나오는 드라마의 공통점을 하나 발견하게 되었다. 투명한 칠판에 무엇인가를 심각한 표정으로 쓰면서 기획회의를 하는 장면이었다. 처음 투명한 유리 칠판을 보았을 때는 너무 갖고 싶다는 생각을 했다. 아이들 말로 '간지' 있어 보였다. 그러다 꿩 대신 닭이라고 대신 사용하게 된 것이 거실에 있는 통유리창이었다. 아이들이 어린 시절 거실 유리창에 스테인드글라스를 열심히 했던 기억이 있기도 했고, 학교에서 쉬는 시간마다 칠판에 낙서하며 즐겁게 노는 아이들의 모습이 떠올랐기 때문이다. 그런 이유로 거실 유리창을 독서 전후의 공유 공간으로 만들기로 했다.

1. 거실 유리창을 활용하기 위해 매직펜과 지우개를 구입한다. 매직펜은 색이 다양할수록 좋지만 적어도 검정과 빨강, 파랑은 기본으로 준비하는 것이 좋다.

2. 유리창에 독서와 관련된 활동을 한다는 전제하에 기획회의를 한다. 책을 함께 읽고 느낀 점을 쓸 것인지, 그림을 그릴 것인지 등을 정한

다. 물론 이런 계획 없이 어느 날 엄마가 재미있는 동시 하나를 직접 써 보이면서 편하게 시작해도 될 것이다.

3. 아이들이 다양하게 표현해 놓은 유리창에 부모님이나 어른들이 댓글을 달아준다. SNS에 댓글을 다는 것처럼 화살표 표시를 하고 가능하면 긍정적 멘트 70%에 개선점 15% 그리고 나머지 15%는 어른들도 그 활동을 따라 한 흔적을 남긴다.

책을 함께 읽는다면 더욱 좋겠지만 같은 책을 읽지 않더라도 질문하고 답하며 책의 내용을 알아갈 수도 있다. 어떤 식으로든 책을 읽는다는 것은 혼자 하는 일이다. 이런 방법을 활용할 수는 있지만 결국 독서는 혼자 하도록 습관을 들여야 한다. 그러나 이렇게 책 읽기를 공유하다 보면 함께한다는 느낌으로 책을 읽는 행위 자체가 즐거움이 되기도 하고 자연스럽게 서로의 가치관에 대해 알게 되면서 아이 교육에서 중요한 여러 가지 교육도 더불어 해결할 수 있을 것이다.

다독이냐 정독이냐, 당신의 정답은?

소크라테스는 독서 자체를 겁내진 않았다. 그가 두려워한 것은 지식의 과잉과 그로 인한 결과, 즉 피상적인 이해였다. 스승의 지도를 받지 못한 독서란 눈에 보이진 않지만 돌이킬 수 없는 지식에 대한 통제력의 상실이다. 소크라테스는 이렇게 말했다.

"무엇이든 문자로 기록되었다 하면 작성된 문장이 그 내용과는 상관없이 여기저기 떠돌아다니게 되고, 내용을 이해하는 사람은 물론 그와 아무 관계도 없는 사람들의 손에까지 들어가게 된다. 글은 적절한 사람에게 말을 걸고, 그렇지 않은 사람 앞에서 침묵하는 법을 모르기 때문이다. 그래서 잘못 취급되고 부당하게 남용될 경우, 자기방어를 하거나 스스로를 도울 능력이 없기 때문에 언제나 그 부모가 나서서 도와줄 수밖에 없다."

소크라테스 특유의 유머 감각과 반어법이 곁들여진 이 말 속에는 문해 능력이 스승이나 사회의 지도를 받지 못할 경우, 지식에 대한 접근 자체가 위험해질 수도 있다는 깊은 두려움이 깔려 있다.

- 《책 읽는 뇌》, 매리언 울프, 살림, p113

그 옛날의 소크라테스도 독서에 있어서 부모나 스승 즉 함께하며 지도해줄 사람이 필요하다는 것을 이야기했다. 제대로 이해하며 읽지 못하는 것에 대한 경계이기도 하거니와, 책을 쓴 작가가 주는 가치관 즉 내용에 대한 경계이기도 하다. 철학자인 쇼펜하우어 역시 생각 없이 과하게 많이 읽는 독서에 대해 타인의 생각 찌꺼기를 머리에 넣는 행위라며 독설을 남겼다.

책은 작가가 생각하고 깨달은 것을 알려주고 싶어서 쓴 글들이다. 작가가 전달하고 싶은 주제를 요약하면 한 줄이겠지만 이것을 잘 이해시키고, 설득시키기 위해 몇백 장에 달하는 글을 써서 책으로 출판한다. 작가 개인의 생각이 잘못된 경우 그 책을 읽는 독자들은 고스란히 쓸데없이 책을 읽느라 시간을 낭비하게 된다. 더 나쁜 것은 잘못된 가치관을 갖게 될 수도 있다는 점이다.

이런 이유로 다독에 대한 질문에 답하는 것이 쉽지 않다. 누군가는 아이가 어린 시절 3000권의 책을 읽더니 영재가 되었다고 하기도 하고, 누군가는 책을 많이 읽었더니 성공 신화를 이루어 냈다고도 하기 때문에 다독이 주는 유혹에 흔들리지 않을 수 없다. 이런 양면성이 더 답하기를 망설이게 한다. 그럼에도 답을 요구한다면 '좋은 책을 많이 읽는 것이 좋다' 정도일까? 그러나 바쁘다는 이유로, 책을 읽는 것이 어렵다는 이유로 책 읽기를 어려워하는 것이 현실이다. 게다가 좋은 책을 선택하는 것 역시 이런저런 이유로 쉽지 않다. 그래서 다독에 대한 질문이 나올 때면 늘 다독이 완전한 정답은 아니라고 답하곤 한다. 다독이 정답은 아니지만 0점 처리하기보다는 50점 정도는 줘야 한다는 생각이다.

'다독'이라는 말에는 책을 빨리 많이 읽는다는 사실이 전제되어 있다. 일반적인 독자의 경우 특히 어린 독자의 경우 책을 천천히 읽으면서 많이 읽기는 힘들다. 그런 면에서 보면 다독이 수박 겉핥기 식으로 책을 읽고 생각할 시간을 많이 갖지 않는 행위라고 해석될 수도 있는 것이다. 책을 한 번 읽고 덮은 후 그 책에 대해 잊어버린다면 책을 읽는다는 것에 아무런 의미가 없다.

그런 이유에서 요즘은 다독같이 양을 앞세우는 독서보다는 슬로우 리딩을 해야 한다는 말들이 많다. 슬로우 리딩은 한 권의 책을 읽으면서 어휘 하나하나, 문맥 하나하나를 이해하고, 분석하며 읽어야 하는, 말 그대로 매우 느리게 읽는 독서법이다. 그러니 슬로우 리딩으로 책을 읽을 경우 다독은 쉽지 않다.

얼핏 좋아 보일 수 있지만 현실적인 접근도 필요하다. 책을 깊이 있게 읽기보단 재미로 읽는 어린 연령대에서는 다독이 가능하기도 하고,

좋기도 하다. 재미있게 읽으며 상상의 나래를 펼치는 것만으로도 의미가 있다. 어린아이들의 독서는 책을 읽고 상상하는 것과 독서습관 들이기가 주목적이다. 본격적으로 책을 본다가 아니라 읽는다는 의미를 사용해야 하는 중학년 즉 초등 3, 4학년부터는 다독보다는 정독이 답이 될 것이다. 책을 읽은 후에 지식과 정보를 얻거나 자신의 생각과 비교・대조해보기도 하고, 자신에게 적용해보기도 하는 등 책으로부터 얻을 수 있는 다양한 생각이 중요해지는 시기이기 때문이다.

눈에서 멀어지면 책도 멀어진다

만약 집에 불이 났을 때 무엇을 가지고 나갈 거냐는 질문을 받는다면 뭐라고 답할까? 얼마 전까지라면 통장, 집문서, 현금, 귀금속 등 재산 가치가 있는 것들을 꼽을 것이다. 지금이라면 스마트폰 하나만 들고 나오지 않을까 싶기도 하다. 스마트폰에 카드며 은행 볼일을 볼 수 있는 인터넷 뱅킹이며, 일정과 연락처까지 다양한 것들이 다 저장되어 있기 때문이기도 하고, 언제든 제일 가까운 곳에 두고 지내기도 하기 때문이다.

그런데 우리는 왜 이렇게 스마트폰이 없으면 안 되는 생활을 하게 된 걸까? 많은 이유가 있겠지만 가장 중요한 것이 편리한 휴대성인 것 같다. 손에 혹은 주머니 어딘가에 넣고 다니기가 매우 편리하다. 게다가 스마트폰으로 할 수 있는 일도 많다. 메일을 확인하고 바로 답을 보낼 수도 있고, 뉴스와 가십거리 기사들 그리고 게임까지 그저 보기만 해도 시간을 마구마구 보낼 수 있는 영상들도 가득하다. 휴대성과 함께 오락성도 갖추고 있다.

스마트폰은 휴대폰이 진화된 것이다. 기억을 더듬어보면 그야말로 전화만 되는 휴대폰 시절에도 늘 가까이 두고 습관적으로 들여다보며, 진동이 온 것 같다는 착각에 빠지기도 했었다. 그 시절을 떠올리면 우리가 스마트폰에 빠져 있는 이유가 단순히 볼거리가 많다는 것만이 아니라 손쉽게 휴대할 수 있다는 휴대성 때문인 게 더 클지도 모르겠다는 생각이 든다. 늘 휴대하고 있으니 습관적으로 들여다보게 되는데 오락성까지 극대화시켜 놓으니 스마트폰 중독 현상이 나타나게 된 것이다.

책도 그렇지 않을까? 책도 손쉬운 휴대성이 필요하다고 생각한다. 눈에서 멀어지면 마음에서도 멀어진다는 말은 사람과 사람의 관계에서만 진리인 것은 아니다. 모든 일들에 적용된다. 어떤 물건이라도 눈에 자주 띄지 않으면 머릿속에서 사라진다. 우리나라보다 국민 전체의 독서율이 높은 일본을 생각해본다면 쉽게 이해할 수 있을 것이다. 일본의 경우 휴대성이 좋은 문고판 형태의 책 비율이 높다는 것을 알고 있으면서도 실제 일본을 갈 때마다 서점에 놓인 문고판의 다양함과 양을 보고 놀란다. 이런 문고판 형태의 책을 가볍게 휴대해서 늘 책을 보게 되니 당연히 독서율이 높은 결과를 내는 것이리라. 우리의 경우 가방에 책을 휴대하는지에 대한 질문에 거의 대다수가 그렇지 않다는 것을 생각하면 책의 휴대성이 독서율과 관련이 있음을 짐작할 수 있다.

아무리 깨끗하게 청소해도 집 안 구석구석에 먼지가 굴러다니는 것처럼 책이 굴러다니게 해야 한다. 물론 휴대성만으로는 책을 읽게 한다는 방법은 한계가 있을 수 있다. 그러나 생활 속에서 책을 읽게 하려면 일단 눈에서 멀어지지 않게, 휴대하기 편하게 하는 것이 먼저라는 생각이다.

베드타임 스토리를 위해 밤에 읽는 책은 침대 옆에 두고, 거실을 서재처럼 꾸밀 필요까지는 없다 해도 텔레비전만을 보는 것이 아니라 책을 읽을 수 있도록 평소에 좋아하는 취향의 책들을 배치해 놓아야 한다. 또 가방 안에 가볍게 읽을 수 있는 책을 가지고 다니길 권한다. 습관만 들인다면 독서가 주는 효과만이 아니라 스마트폰 중독에서 벗어날 수 있는 좋은 기회가 될 수도 있을 것이다.

강의 때 많이 나오는 질문 중 하나가 가볍게 읽을 수 있는 책에 대한 것들이다. 가볍게 읽을 수 있다는 게 지식의 정도에 따라 혹은 취향에 따라 다르겠지만 나의 경우 가볍게 읽을 수 있는 책이란 서사적으로 긴 장편 이야기가 아니라 챕터마다 내용이 독립된, 호흡을 길게 잡고 읽지 않아도 되는 것들이라 생각하기에 그런 책들을 많이 권하는 편이다.

예를 들면 수필류나 잠언집 혹은 시집처럼 이야기가 연결되지 않아 2~3페이지로 읽을 수 있는 책들을 말한다. 아주 짧은 시간에도 가볍게 펼쳐서 읽기 편하다. 물론 문고판으로 작게 만든 문학책들도 추천한다. 자신의 흥미를 자극하는 소설이라면 더욱 좋을 것이다. 다음 장이 궁금해서 일단 읽기 시작하면 계속해서 읽고 싶은 것이 소설의 매력이다.

자투리 시간에 하는 독서가 과연 의미가 있을까, 독서를 그렇게 하는 것보단 제대로 집중할 수 있는 환경에서 하는 것이 더 좋지 않을까 하는 생각을 하는 사람도 있을 것이다. 그러나 앞서 이야기한 것처럼 어른들만이 아니라 요즘 아이들도 너무너무 바쁘다. 제대로 집중해서 책을 읽으려고 하면 다른 할 일들에 밀려 독서 시간은 사라지고 말 것이다. 어른인 우리도 독서와 다른 일들이 겹치면 너무나도 당연하게 독서 시간을 뒤로하고 다른 일상적인 일을 먼저 할 것이기 때문이다.

그러니 자투리 시간에 하는 독서에 약간의 공을 들일 필요가 있다. 만약 아이들이 학교 쉬는 시간에 5분씩 독서한다고 생각해보자. 6교시를 한다고 생각하면 쉬는 시간 5분씩만 독서에 할애해도 30분이라는 시간을 쓰게 되고 이렇게 일주일을 보내면 150분 즉 1시간 30분 독서한 효과가 있다. 한 달 또 일 년으로 계산한다면 엄청난 독서 시간을 확보할 수 있게 된다. 책을 늘 휴대하고, 자투리 시간의 독서 효과를 알리기 위해서 쉬는 시간의 예를 들긴 했지만 절대 그런 일이 없길 바란다. 말 그대로 쉬는 시간은 쉬는 시간이어야 한다. 쉬는 시간이 있어야 다음 시간에 집중력을 높일 수도 있고, 전 시간에 쓴 머리를 잠시 쉬면서 배운 내용을 기억 창고에 저장해 놓을 수도 있기 때문이다. 아침 청소를 하기 전에 갖는 커피 한 잔의 시간에 반드시 책을 읽어야 한다고 말한다면 어떤 기분일지 상상해보면 쉽게 이해하리라 생각한다.

07 - 오늘은 배우, 책 속 인물 간접경험하기

책을 읽는 이유는 필요나 개인적인 기호에 따라 다르다. 개인적으로 나만의 지식정보와 문제해결력을 갖게 되는 게 가장 중요하다고 생각한다. 여기서 중요한 것은 '나만의'다. 책을 읽었을 뿐인데 '나만의' 것을 얻을 수 있다. 주인공이 되기도 하고 혹은 자신과 비슷한 처지에 놓인 또 다른 인물이 되어 감정이입을 하거나 동일시하면서 책 속으로 들어가 책을 읽다 보면 '나만의' 지식도 얻을 수 있고, 문제해결력을 배울 수도 있다. 물론 이야기책이 아니라도 괜찮다. 이런 것이 흔히 말하는 간접경험이다. 몰입할 수 있다면 간접경험을 뛰어넘는 경험까지 할 수 있을 것이다.

1. 책을 읽고 난 후 가장 기억에 남는 인물 혹은 사건에 대해 이야기해보자.

"엄마는 팥쥐 엄마가 이해가 안 돼서 자꾸 마음에 남아. 왜 그렇게 나쁜 일들을 하려고 한 걸까? 넌 어때? 누가 가장 기억에 남아?"

"혹시 너는 어떤 인물이 너랑 닮은 거 같았어?"

2. 기억에 남는 혹은 마음에 남는 인물을 찾았다면 자신과 닮아서인지, 아니면 전혀 이해할 수 없어서인지 이유를 중심으로 이야기해본다.

3. 만약 자신이라면 어떻게 했을지에 대해서도 이야기하자.

4. 아이가 간단하게만 답한다면 엄마가 그 대답을 받아서 자신의 이야기를 보태 이야깃거리를 만들어주는 것도 좋다.

"나는 그냥 팥쥐가 얄미워서 싫었어. 그래서 제일 기억에 남아."

"팥쥐가 콩쥐한테 나쁘게 한 게 싫었구나. 엄마도 그랬는데 엄마는 특히 팥쥐가 콩쥐 대신 잔치에 간 게 제일 싫었어. 너는 어떤 게 제일 싫었어?"

"내가 콩쥐가 된 거 같았어. 이유는 잘 모르겠어, 그냥."

"팥쥐가 어떤 일을 했을 때 특히 싫었어?"

08 - 오늘은 PD, 책 속 인물 역할 캐스팅하기

책을 읽을 때 인물을 이해한다는 것은 줄거리에 대한 이해뿐만 아니라 실제 생활에서 사람들을 이해하는 데도 도움이 된다. 이야기를 통해 다양한 인물들을 만나고, 사건을 해결해 나가는 과정에서 다른 사람들의 마음에 공감할 수 있게 되기 때문이다. 인물 캐스팅은 이야기 속에 나오는 인물들을 실제 있는 인물들과 대조해보는 활동이다. 아이가 연예인을 좋아한다면 연예인들을 대상으로 캐스팅해보는 것도 재미있다.

1. 이야기를 읽고 주요 등장인물의 이름을 모두 적어본다.
2. 등장인물 이름 옆에 책 속의 내용을 바탕으로 인물들의 정보를 정리한다.
3. 작가가 설정해 놓은 정보를 바탕으로 인물들의 성격과 취향 등을 정리한다.
4. 자신이 생각할 때 어울리는 인물을 등장인물에 캐스팅해보고, 이유를 써본다.

캐스팅			
등장인물	성격 및 취향	캐스팅 인물	캐스팅 이유

등장인물	내가지은이름	이유
콩쥐	순진이	순수해서
팥쥐	돌석이	돌멩이처럼 못됐어서
계모	명박이	명령하고, 구박해서
도련님	세주	콩쥐에게 구세주같아서

09 - 오늘은 시간탐정, 사건 순서 맞추기

작가에 따라 이야기를 시간 순서대로 푸는 경우도 있고, 과거부터 시작해서 현재로 왔다가 다시 과거의 이야기로 돌아가는 식으로 시간의 흐름대로 진행되지 않을 수도 있다. 국어시간에 배울 때는 순행 방식, 역순행 방식이라 하여 사건을 시간 순서대로 제대로 정리할 수 있는지를 묻는 시험 문제가 출제되기도 한다.

저학년들의 경우 요약하는 능력이 떨어지기 때문에 이야기의 순서가 역순행 방식이면 순행 방식으로 정리하는 것을 어려워한다. 그래서 저학년들이 읽는 이야기들은 순행 방식인 경우가 대부분이다. 순행 방식을 시간대로 정리하는 활동이 무슨 의미가 있을지 궁금해하는 경우가 많은데, 사건과 사건의 시간 관계를 의식하는 계기가 된다. 진공 상태에 있는 것처럼 인식되던 책 속의 사건들이 머릿속에 시간의 흐름에 따라 정리되면서 실제 사건처럼 이미지화되는 경험을 할 수 있게 하는 것이다.

1. 이야기 속에 나온 사건을 책의 순서대로 정리해본다.

2. 사건을 정리할 때 사건의 제목을 붙여 핵심 단어로 정리하면 좋다. 글로 정리하는 것을 힘들어한다면 요약된 그림을 그려 그림 카드로 정리하는 방법을 써보자.

'제비 다리를 고쳐준 사건, 흥부네 박이 터진 사건'

3. 사건들이 시간의 흐름대로 되어 있는지 확인한다. 만약 시간 흐름대로 되어 있지 않다면 시간의 흐름에 맞게 정리한다.

4부.

아이와 꼭 해봐야 하는 7가지 독서전략

[제1전략]

인내 - 힘들어도 꾹 참고 사랑하는 그날까지 책을 읽어주자

이 직업은 그냥 대단한 직업이 아니라 일인 다역이라는 가장 중요한 직업입니다. 직책은 상황 실장(작전운영국장)으로 방대한 업무를 맡아야 합니다. 첫 번째 기동성이 좋아야 합니다. 또 일하는 동안 내내 서 있거나 엎드려 있어야 하며 지속적으로 해야 하는 일이라 최대한 노력을 기울여야 합니다. 세부적인 업무 관련 내용으로는 우선 업무 시간은 일주일에 135시간 혹은 무한정적입니다. 기본적으로 하루 24시간 업무에 일주일에 7일 근무해야 하며 휴식이나 휴일은 불가능합니다. 식사 시간은 함께 하는 분이 식사를 끝냈을 경우에만 가능합니다. 직업이 필요로 하는 업무 능력으로는 뛰어난 협상 기술과 인간관계의 기술, 의학, 재정, 요리법 등에 대한 학위를 필요로 합니다. 또 가장 중요한 것으로 고객에게 한순간도 눈을 떼서는 안 되며 필요할 경우 함께

밤을 새워야 합니다. 불가피한 경우 생명을 대신 희생해야 할 수도 있으며, 어떠한 경우라도 명랑한 기분으로 일해야 합니다.

- 〈세상에서 가장 어려운 직업〉, 유튜브 https://youtu.be/zOQEbDU9eHA

이 직업은 어떤 직업일까? 한때 이 영상이 많이 돌고 돌아서 알 만한 사람은 직업명을 맞출 수 있으리라 예상한다. 이 직업의 이름은 '엄마'다. 누군가 대학원에서 논문을 쓸 때 하도 힘들어서 세상에 이렇게 힘든 일이 있을까 싶었는데 막상 아이를 키워보니 그건 일도 아니었던 거 같다는 말을 한 적이 있었다. 육아가 힘든 것은 누군가의 표현대로 독박육아이기 때문일지도 모른다. 독박육아란 꼭 엄마 혼자 모든 것을 해야 하는 것만을 말하는 것이 아니다. 아이를 낳고 나만 바라보는 아이에 대한 무한 책임감에서 나오는 표현이기도 하다. '세상 모든 곳에 신이 있을 수 없어 엄마라는 사람을 보냈다'는 말처럼 엄마라는 이름은 참으로 부담스러울 정도로 슈퍼걸이어야 하는가 보다.

엄마들은 아이를 위해 이런저런 집안일을 하는 육체적인 노동만이 아니라 아이의 연령에 따라 각기 다른 전문가가 되어야 한다. 아이가 이유식을 시작할 때는 이유식 전문가가 되어 이것저것을 찾아보고, 공부하고, 실천할 수 있어야 한다. 또 아이가 유치원에 들어갈 때쯤이면 전혀 궁금하지도 않았던 우리나라의 유치원 교육체계부터 동네 유치원에 대한 세부적인 장단점까지 알고 싶지 않아도 모르는 게 없을 정도로 여러 가지 경로를 통해 알게 된다. 이러니 엄마라는 직업이 힘들지 않을 수 없다.

그런 엄마에게 무엇보다 중요한 임무 중 하나가 아이의 탄생부터 아이와 함께하는 그날까지 엄마와의 교감 나누기 즉 소통해야 한다는 것이다. 아이는 태어나서부터 자신을 양육해주는 시간이 가장 많은 양육자와 많은 것을 소통하고, 그런 소통의 와중에 성장에 필요한 많은 것을 배우게 된다. 어느 날 갑자기 눈을 마주치며 낯을 가리기도 하고, 옹알이로 자신을 표현하기도 한다. 어찌 보면 태어나서 자라는 동안 본능적으로 하는 일이라고만 여겼던 이런 일들이 사실은 양육자와의 소통으로 인한 결과였던 것이다.

이를 뒷받침해주는 실험 중 언어 소통의 중요함을 보여주는 게 있다. 신성로마제국의 프레데릭 황제가 한 실험으로, 처음 의도는 언어 소통의 중요성을 알아보기 위한 게 아니라 태초의 언어가 무엇이었는지를 알기 위한 것이었다고 한다. 프레데릭 황제는 신생아 때부터 아이들을 모든 것들로부터 격리시킨 후 절대 누구와도 한마디 말도 할 수 없는 환경을 조성했다. 물론 그 밖의 모든 것들은 최고로 좋은 환경에 놓이게 해주었다. 이 실험으로 황제는 자신이 원하는 결과를 얻지 못했다. 실험한 지 오래되지 않아 실험 대상이었던 아이들이 모두 죽었기 때문이다. 이 실험으로 황제가 원하는 것을 얻지는 못했지만 말을 주고받는 것이 단순하게 의사를 표현하기 위한 수단만이 아니라 아이들에게는 삶을 살게 하는 중요한 수단이었음을 알게 되었다. 그래서 아이와 꼭 해봐야 하는 7가지 독서전략을 정했다.

첫 번째, 사랑하는 그날까지 책을 읽어주자. 첫 번째 전략이라고 하기엔 너무 흔한 거 아니냐고 할 수도 있지만 책 읽어주기는 일석이조가 아니라 일석십조도 될 수 있을 만큼 가치가 있다. 요즘은 어린 시절 책을 접하는 시기가 평생독서습관에 영향을 준다는 이론들을 바탕으로 북스타트 운동을 통해 영유아기부터 책과 친해지기 위한 프로그램 등을 운영하기도 한다. 참으로 다행스럽다. 지금은 대학생인 큰아이가 돌이 되기 전에 무릎에 앉히고 책을 읽어주곤 했는데, 그때마다 집안 어르신들이 어린 게 뭘 안다고 책을 읽어주냐고 하는 소리를 들었던 기억이 아직도 남아 있기 때문이다.

> 벽돌이 집을 짓는 기초 자재이듯, 단어는 학습의 기초 구조다. 사람의 뇌 속에 단어를 집어넣는 길은 두 가지가 있다. '눈'을 통하거나 '귀'를 통하는 길이다. 아이가 태어나서 눈으로 책을 읽게 되기까지는 최소한 몇 년이 지나야 한다. 그러므로 생각과 두뇌 훈련을 하기에 가장 빠른 길은 당연히 귀가 될 수밖에 없다. 우리가 귀를 통해 들려주는 소리는 아이의 머릿속 '생각의 집'을 건설하는 튼튼한 기초가 된다.
>
> –《하루 15분 책 읽어주기의 힘》, 짐트렐리즈, 북라인, p47

책을 읽어주는 어른들 입장에서야 아이가 잘 듣고 있는지, 도움이 되는지 궁금하겠지만 잘 듣고 있지 않은 것처럼 보이거나 당장 도움이 되진 않아도 책과 친해질 수 있는 최적의 시기를 놓치지 않고 잘 보내고 있다는 게 중요하다. 학자들의 연구에 의하면 4세부터 12세 사이는 독서습관을 들이고 언어 능력을 발달시킬 수 있는 최적의 나이라고 한다. 물론 이 나이가 지났다고 해서 그럴 수 없다는 게 아니라 자연스럽고 쉽게 익힐 수 없다는 말일 것이다. 그러니 짐 트렐리즈의 말처럼 '귀'를 통해 '생각의 집'을 건설할 수 있도록 해야 한다. 그런 이유로 내 아이를 사랑하는 그날까지 틈틈이 책을 읽어주는 게 무엇보다 중요한 독서전략이라 생각한다.

[제2전략]

쇼핑 - 책도 사본 사람이 잘 산다

지구상에 존재하는 사람의 수만큼 사람마다 취향도 다르고, 취향을 드러내는 방법도 다를 것이다. 어떤 사람들은 자신의 취향을 있는 대로 드러내고 살고 있지만, 어떤 사람들은 자신의 취향을 감추고 카멜레온처럼 주위 환경에 따라 맞추어 살기도 할 것이다. 이 둘의 차이는 여러 가지가 있겠지만 취향을 강하게 드러내는 사람들의 경우 대부분 자존감이 높다고 한다. 자신의 존재가 중요하고 가치 있다고 느낀다. 이에 반해 취향을 드러내지 못하는 사람이나 자신의 취향을 잘 모르는 사람들의 경우 내향적인 성향이 강한 것이 원인이 되기도 하지만 취향을 존중받지 못했기 때문에 그런 경우도 많다. 자신의 취향이나 개성을 어떤 방식으로든 억눌러야 하는 환경에 놓여 있었고, 그런 환경의 영향을 받으면 자신이 무엇을 좋아하는지 싫어하는지 잘 모르게 되어 뭔가를 선택할 때 선택 장애를 겪기도 하고, 무기력감에 빠지게 되기도 한다. 그러니 자신의 취향을 알기 위해 가장 좋은 것은 많이 경험해보는 것이다. 음식을 많이 먹어본 사람이 자신이 먹고 싶은 음식도 쉽게 선택할 수 있고, 먹고 싶은 것도 많다.

책도 마찬가지다. 책을 많이 읽는 사람이 책을 잘 고른다. 너무 당연한 이야기일지도 모른다. 책을 많이 읽은 사람은 책의 표지나 제목만으로도 책에 대한 감이 온다. 물론 책을 고를 때 제목과 작가 그리고 목차, 프롤로그 등을 통해 책을 읽을 것인지 말 것인지 결정하겠지만 대부분 첫 느낌부터 자신이 좋아하는 책인지 아닌지 알 수 있다. 그러나 이런 경지에 이르기 위해서 그만큼 많은 실패의 경험이 필요하다. 감이 와서 단숨에 책을 골랐으나 내용이 마음에 들지 않는 경우도 있고, 도통 무슨 말인지 이해가 안 되는 책도 있고, 자신에게 도움이 되지 않는 책도 있다. 많은 실패를 겪고 나서야 자신이 좋아하기도 하고, 자신에게 필요하기도 한 책인지 한눈에 알아볼 수 있게 된다. 책을 많이 읽다 보면 자연스럽게 자신이 좋아하는 책의 종류, 문체 등도 정확하게 인지할 수 있으니 점점 선택이 쉬워진다. 책만이 아니라 모든 종류의 쇼핑이 그럴 거라 생각한다. 쇼핑의 경험이 많고, 자주 쇼핑을 해본 사람이 더 잘 사고 제대로 살 수 있다.

아이와 서점 나들이를 가거나 동네 작은 도서관를 가면 처음엔 엄마가 책을 골라주는 경우가 많지만 아이의 성장에 따라 직접 골라보고 싶다고 할 때가 온다. 처음엔 좋은 의도로 아이에게 책을 고르라고 할 것이다. 그러나 쇼핑에 문외한인 사람들이 고른 물건처럼 책을 많이 골라본 경험이 없는 아이들이 선택한 책이 여러 가지 이유로 엄마 마음에 들지 않을 것이다. 대부분 만화책이거나 너무 낮은 연령대의 책이라거나 혹은 책이라기보다는 잡지 같거나 기타 등의 이유로 맘에 들지 않는다. 모든 책이 다 좋은 책이 아니기도 하지만 나름 부모 입장에서 가치가 없는 책이라고 규정된 것들이 있다. 그러니 이런 경험을 한 이후에는 처음부터 '만화책은 안 되고, ~ 시리즈도 안 되고'라는 틀을 만들고 그 안에서만 고르도록 한다. 아이가 책을 좋아한다면 이런 경험들이 문제가 되진 않을 것이다. 어쩌면 부모 입장에서 문제라고 생각되는 책들을 가져오지 않을지도 모른다.

'우등생이고 책을 좋아하는 아이는 늘 옆집 아이'라는 말처럼 우리집 아이들은 책을 좋아하지 않을 가능성이 더 높다. 그냥 무작정 눈에 띄는 대로 재밌어 보여서가 그 책을 선택한 이유일 것이다. 서점 나들이의 목적을 명확하게 하는 것이 좋다. 아이가 책과 가까워지길 바라는 것인지, 꼭 읽히고 싶은 책이 있는지, 아니면 아이의 독서력 상태를 점검하고 싶은지 나름의 목적을 정하자.

만약 책과 가까워지길 원하는 마음이라면 자유롭게 책을 고를 수 있는 권한을 주어야 한다. 앞서 이야기한 것처럼 실패의 경험을 두려워하지 말아야 한다. 책값이 비싸다는 이유로 돈을 버리는 일이라고 여기면 안 된다. 만약 책값이 부담된다면 안목이 생기기 전까지 중고서점이나 도서관을 이용하는 것도 좋다. 물건을 산 후 자신에게 필요한 물건이 아니거나 비싸게 샀거나 등 여러 이유로 실패한 경험이 있을 것이다. 그리고 그런 경험 후에 자신의 실패를 비판적으로 생각할 시간이 있었다면 쇼핑에서 이런 후회들을 하는 횟수가 줄어들고 물건을 구매할 때 신중해지기도 할 것이다. 아이가 스스로 마음에 들어서 산 책에 대해서도 마찬가지다. 그 즉시 들뜬 마음으로 읽고 싶어 할 것이다. 그러니 그런 시간을 방해하지는 말자. 어떤 이유에서든 책은 즐거운 마음으로 읽도록 해야 하기 때문이다. 시간이 지나 읽었던 책들을 정리하는 시간이 되었을 때 그 책에 대한 평가를 하도록 해야 한다. 책을 고를 때의 심정과 읽은 후의 감정의 변화, 그리고 다음엔 어떻게 고르면 좋을지 이야기를 나누어보자.

"이 책을 사면 왠지 친구들하고 친해지는 방법을 배울 수 있을 것 같았는데 전혀 도움이 되지 않았어요. 책 제목만 보고 책을 사는 건 아닌 거 같아요."

"이 책에 만화가 많아서 재밌을 거 같았는데 만화 내용이 무슨 말인지 이해하기가 어려웠어요. 만화라고 무조건 재밌는 게 아니라는 생각을 했어요."

또 다른 경우로 읽히고 싶은 책이 있었다면 엄마가 서점에 가기 전에 왜 서점에 가는지 설명해주어야 한다. 읽히고 싶은 이유나 읽어야 하는 이유, 혹은 읽고 나면 어떤 게 좋을지 아니면 책표지만을 보면서 하는 독서활동처럼 인터넷 서점 등에 나오는 책표지를 보면서 책 제목의 느낌과 표지 그림 등을 살펴보며 미리 호기심을 자극한 채로 책방에 가는 것이 좋다. 물론 이런 것이 거창하게 느껴진다면 비밀 작전도 좋다.

"네가 읽으면 좋을 거라고 생각하는 책이 있었는데 궁금하지? 사실은 보자마자 엄마도 읽고 싶어지는 책이었어."

"선물 중에 책 선물이 좋대. 네가 어른이 되어서도 기억할 책을 선물해주고 싶어서 몇 가지 책을 골랐는데 이 중에서 네가 골라볼래?"

마지막으로 자유롭게 책을 고르도록 하는 것은 아이의 독서능력 상태를 점검할 수 있는 절호의 기회가 될 수도 있다. 아이가 고른 책의 전체를 살펴보면서 아이가 관심 있어 하는 분야에 대해서도 알 수 있고, 읽기 수준이 어느 정도인지도 파악할 수 있다. 만화책만 가져오는지 글밥이 적은 것을 가져오는지를 통해 읽기 능력 상태를 나름 파악할 수 있다. 책방 나들이를 자주 하면 좋겠지만 힘들다면 한 달에 한 번 정도라도 실천하기를 권한다. 책방에 가는 것만으로도 그날의 관심을 책에 집중시킬 수 있기 때문이다. 어쩌면 그 전날부터 그럴 수도 있을 것이다.

"엄마는 내일 카프카의 《변신》이라는 책을 살 거야. 고등학교 때 읽었던 책인데 갑자기 내용이 생각이 잘 안 나는 거야. 그래서 다시 읽어 보려고."

"괜찮다면 내일은 너에게 책 한 권 추천해주려고. 요즘 너희 또래들에 관한 이야기라는데 읽어보고 좋으면 너도 친구들에게 추천해주면 좋을 거 같아서."

"엄마도 책 사고 싶은데 어떤 종류의 책을 읽으면 좋을까? 시집, 소설, 수필 뭐가 좋을까? 요즘 너는 어떤 종류의 책을 좋아해?"

[제3전략]

힐링 - 아이와 함께하는 힐링 캠프를 준비하라

어린아이들은 구석을 좋아한다. 집 안 어딘가에 숨은 아이를 찾다 보면 옷장 안이나 식탁 밑 같은 구석진 곳에서 잠든 채 발견되는 경우가 많다. 초등 1, 2학년 독서 수업에서 모둠으로 책 읽기를 하려고 모둠끼리 원하는 공간을 만들어보라고 하면 어떻게든 구석에 책상과 의자를 모으고 각자 옷으로 덮고 하는 식으로 어둡고 나름 은밀한 장소를 만든다. 그 속에서 자기들끼리 뭐가 저리 즐거울까 싶을 정도로 속닥속닥거리며 책 한 권을 다 읽고 토론까지 마치는 경우도 있다. 독서시간이 끝난 후에도 종종 그렇게 할 수 있는 자유를 허용해 달라고 부탁하기도 한다.

사람들에겐 편안함을 느끼는 공간이 따로 있다. 누군가는 카페 큰 창가 옆자리를 꼽기도 하고, 누군가는 카페 한가운데 떡 하니 자리하고 있는 여럿이 앉는 긴 테이블을 편안해하기도 한다. 또 누군가는 자신의 방이 가장 편하다고 느끼기도 할 것이다.

독서하기에 좋은 편안한 공간을 찾아두는 것은 여러모로 좋다. 사실 '편한 공간'이라고 표현하긴 했지만 독서에서 편한 공간이란 집중도가 높은 공간, 그리고 독서에 빠져 있을 수 있는 공간을 의미한다. 이런 공간을 빨리 찾으면 독서만이 아니라 자신을 위한 힐링 공간이 될 수도 있을 것이다.

나는 기분이 꿀꿀한 날이면 아이와의 카페 데이트를 즐기곤 했다. 바쁜 엄마인 나에게 아이와 함께할 수도 있고, 나름 휴식을 얻을 수도 있을 것 같아서 하게 된 이벤트였다. 동적인 성향의 큰아이는 그다지 흥미로워하진 않았지만 지금도 작은아이는 내게 카페 데이트를 신청한다. 꼭 카페가 아니어도 좋다. 동네 도서관이나 집 안 어딘가 구석진 곳에 푹신한 의자와 함께 마련한 장소여도 좋다. 마음먹고 책에 집중하기에 좋고, 생각하기에 좋은 장소라면 어디든 멋지다.

카페 데이트는 장소에서 받는 다양한 영향을 깨닫게 되면서 시작한 일이다. 사회적인 일을 하며 살다 보면 나름 상처라고 부를 만한 일들이 생긴다. 사람 때문에 혹은 일 때문에 스트레스를 받기도 하고 그런 와중에 자신에게 실망하거나 안쓰러운 마음을 갖기도 한다. 젊은 시절엔 이럴 때 친구들을 만나 못하는 술이라도 마시거나, 커피 한잔하며 흔히 말하는 뒷소리를 하기도 했지만 나이가 들수록 그러기가 쉽지 않았다. 그렇게 해봤자 달라지는 것도 없고, 그 정도로 아물어지는 상처가 아닌 일들이 있다는 것도 알게 되었다. 그럴 때마다 숨고 싶은 장소가 필요했다. 힘든 마음을 내려놓고 숨도 고르고, 타인에게가 아닌 자신에게 위로가 되는 장소를 말이다.

> 그래, 나는 어머니한테 꾸지람을 되게 들어 따로 어디 갈 곳이 없이 된 날은, 이 외할머니네 때거울 툇마루를 찾아와, 외할머니가 장독대 옆 뽕나무에서 따다주는 오디 열매를 약으로 먹어 숨을 바로합니다. 외할머니의 얼굴과 내 얼굴이 나란히 비치어 있는 이 툇마루에까지는 어머니도 그네 꾸지람을 가지고 올 수 없기 때문입니다.
>
> – 서정주, 〈외할머니의 뒤안 툇마루〉 중

어린 시절 어머니의 꾸지람을 피해 숨어들었던 외할머니댁 툇마루를 기억하는 서정주의 시다. 만약 시의 화자에게 이런 장소가 없었다면 어땠을까? 아마도 장소는 다르겠지만 어머니에게 혼난 마음을 위로받을 또 다른 장소가 필요했을 것이다. 나 역시 이런 장소를 우리 아이들에게도 만들어주고 싶었다. 어쩌면 독서보다는 혼자 시간을 보내며 자신을 위로하는 시간을 갖는 것이 삶에서 매우 중요한 일임을 알려주고 싶었던 것일 수도 있다. 그렇게 시작된 게 동네 근처에 많이 자리하고 있는 카페 데이트다. 처음에는 책을 읽고 내용에 대해 이야기를 나누었는데 차츰 근황이나 자신의 마음 상태에 대해서까지 말하게 되었다. 지나고 보니 이런 시간들이 아이들의 성장에 긍정적인 효과가 있었다. 마음의 상처나 짐 등을 어떻게 다루어야 하는지 책을 매개체로 자연스럽게 대화로 이어 푸는 방법까지 알려주게 되었으니 말이다.

미디어에서 흡연 장면이나 음주 장면, 폭력적인 장면 등을 제한하는 이유는 이런 것에 자주 노출될 경우 생활에서 실제로 따라 할 확률이 높기 때문이다. 화가 난 드라마 속의 인물이 술을 마시고, 노래방에 가서 고래고래 소리를 지르는 장면을 볼 때는 아무 생각 없이 본 것 같지만 시간이 지나서 자신에게 이렇게 힘든 시간이 찾아오면 드라마 속 인물이 했던 것처럼 따라 하게 된다.

어린 시절부터 엄마가 오늘은 기분이 꿀꿀한 날이니 카페에 가서 책을 읽고, 달콤한 것을 먹자고 하는 모습을 보며 성장한 아이들은 그 방법을 기억 속에 저장하게 될 것이다. 자신만의 스트레스 해소법 하나를 저장하는 셈이다. 게다가 카페 안 사람들과 기계들이 내는 소리는 쉽게 익숙해져 오히려 거슬리는 다른 소음을 차단시키는 역할을 한다고 한다. 흔히 말하는 '백색 소음'이라 절간같이 정적 가득한 곳보다 집중도를 높여 짧은 시간을 읽어도 푹 빠져 읽을 수 있게 된다.

딸아이의 말을 빌리자면 '책에 대한 이야기를 하다가 서로의 마음에 대해서 이야기를 나눌 수 있다'는 점에서 이 방법이 중요하다. 엄마랑 이런저런 이야기를 하고 싶은데 불쑥 이야기 좀 하자고 하긴 그래서 카페 데이트 신청을 하곤 했단다. 책이 늘 중심에 있을 필요는 없다. 이럴 때의 책은 전채요리 같은 역할이라 생각한다. 아이들이 커갈수록 이야기 나눌 시간도 부족하지만 늘 함께하는 가족이라 집 안에서 나누기

엔 어색한 부분도 있다. 이를 자연스럽게 해결할 수 있는 선택이 되기도 할 테니 여러분도 사용해보길 권한다.

[제4전략]

추억 - 책과 연결된 좋은 시간을 공유하자

유명 연예인을 내세운 마케팅 전략은 성공 확률이 높다. 그 연예인을 좋아하는 팬들은 물론이고, 좋아하지는 않더라도 연예인의 유명세와 신뢰도에 의해 제품을 선택할 확률이 인지도가 약한 브랜드를 선택할 확률보다 높기 때문이다. 요즘은 일반인 블로거나 유투버들의 마케팅 활약도 대단하다. 화장품의 경우 유명한 블로거나 유투버가 사용한다는 사실만으로도 신뢰도를 높일 수 있다. 제품을 만든 회사에서 직접 하는 홍보나 직접 써봤는지 아닌지도 모르는 낯선 사람의 추천을 선뜻 믿기란 어렵기 마련이다.

책 역시 그런 듯하다. 내가 좋아하는 사람, 닮고 싶은 사람이 추천하는 책은 좋아 보이고, 언젠가는 읽어야 할 리스트에 넣는다. 이런 이유에서 출판사 마케팅이나 독서장려 운동을 할 때 '유명인들의 서재'

라는 이름으로 인생 책들을 추천하기도 하고, 세계적으로 널리 알려진 CEO들이 여름 휴가 때 가져가는 책 리스트 등을 뽑기도 한다.

우리 아이들에게도 마찬가지로 효과가 있을 것이다. 그냥 아무 책이나 혹은 권위 있는 기관이 추천한 책이 아니라 엄마나 아빠 혹은 할머니, 할아버지처럼 주변 사람들이 읽었던 책 중에 좋았다고 생각하는 책을 추천해주거나 책을 읽고 성장했던 이야기들을 나누는 것이 독서 습관을 들이는 데 전략적인 방법이 될 수 있을 거라고 생각한다.

나의 경우 어린 시절 《나의 라임 오렌지 나무》라는 책을 읽고 눈이 퉁퉁 부을 정도로 울었고, 책을 읽은 이후에는 주인공 제제가 했던 대사 하나하나를 여기저기에 써 놓고 보면서 좋아했던 기억이 있다. 그래서 아이들이 그 책을 읽을 수 있는 연령이 되었을 때 아이들에게 엄마의 추억이 어린 이야기들을 들려주며 책을 추천해주었다. 아이들 역시 그 책을 매우 재밌어하고 책을 보는 중간중간 엄마는 그 부분에서 어떤 생각을 했는지에 대해 궁금해하기도 했다. 아이 자신도 제제의 기분에 대해 자신의 생각을 이야기하며 자신의 현재 생활과 이야기 속 주인공의 환경을 비교하기도 하고, 평가하기도 했다.

"엄마가 어렸을 때 너무나 좋아하는 책이 있었는데, 나중에 엄마가 되면 내 아이들에게 꼭 읽게 해주고 싶어서 그 책을 지금까지 간직하고 있었어. 그런데 이제 너희들이 그 책을 읽을 적절한 시기가 된 것 같아서 책을 공개하기로 했어."

이 대사는 우리 아이들에게 낡을 대로 낡은 《나의 라임 오렌지 나무》를 권하며 했던 말이다. 오랜 세월 동안 아이들을 생각해서 책을 간직했다는 점에서 감동하지는 말길 바란다. 알다시피 약간의 거짓말이 들어 있기 때문이다. 좋아했던 책이라는 것도 맞고, 아이들에게 읽히고 싶었던 것도 맞으나 그때부터 간직한 책은 아니었고 아이들에게 책을 읽히려고 마음먹은 후 헌책방 구석에 있는 책을 아주 싼값에 사왔다. 어떤 어린아이가 나중에 엄마가 될 생각을 하며 책을 간직할 수 있을지 모르는 일이지만 아이들은 너무나 감격했고 나중에 엄마의 거짓말이라는 것을 알았을 때는 웃으며 즐거워하고 그걸로 끝이었다. 악의 없는 거짓말이기도 했지만 책을 읽히고 싶었던 엄마의 작은 연극이라고 여겨주는 것 같았다.

엄마가 어렸을 때 읽은 책을 추천하는 것 혹은 엄마가 아니더라도 아이를 잘 알고 있는 주변 사람들이 자신이 좋아하는 책을 추천하는 것에는 특별한 의미가 있다. 아이들이 기꺼이 즐거워하고 읽고 싶어 할 수 있다는 것도 있지만, 많은 어른들이 책과 함께 성장했다는 것을 무의식적으로 알려줄 수 있기 때문이다. 인생에 있어 책을 읽고, 자신의 인생 책을 만나는 것이 중요하다는 것도 알게 될 것이며, 더 나아가 자신도 누군가에게 그런 책의 추억을 나눠줄 날을 꿈꿀 수도 있을 것이다.

모두의 인생에서 책이 중요한 것은 아니다. 그리고 책을 반드시 많이 읽어야 하는 것도 아니다. 삶에는 다양한 방식이 있고 다양한 방식으로 인생의 지혜를 배울 수 있을 터다. 그러나 어쩌면 우리가 알고 있는 방법 중 가장 안전하고 쉬운 방법이 독서일 수 있다. 어쩌면 가장 빠른 방법일지도 모른다.

우리가 박물관을 찾는 이유는 단지 유물의 모습만을 보기 위한 것은 아닐 것이다. 박물관 안의 유물을 보면서 과거에 살았던 선조들의 삶의 방식을 한 번쯤 생각하고, 현재의 삶과 비교해보는 등 과거와의 대화를 나누는 공간으로서의 역할도 해주고 있다고 생각한다. 백화점 한가운데서 과거의 유물을 한 점 봤다고 해서 그런 생각들을 줄줄이 이어나가는 것은 힘들기 때문이다. 엄마의 어린 시절에 만났던 책과 관련된 추억담도 마찬가지다. 이런 이야기를 통해서 엄마의 어린 시절에 대한 이야기를 나눌 수 있기도 하고, 책을 읽으며 엄마가 했던 생각과 자신의 생각을 비교하기도 하고, 자신의 인생에서의 책의 의미를 단단히 할 수도 있다.

교육이 백년지대계라는 말은 당장에만 도움이 되는 교육만으로는 부족하기 때문일 것이다. 그런 의미에서 본다면 이번 장에서 보여준 독서전략은 우리 아이들 일생에 있어서의 독서에 대한 의미를 깊이 새길 제안이라 생각한다.

[제5전략]

추천 - 7살 꼬마의 추천글이 최고의 추천서다

앞서 '책의 추억을 나눠라'에서 말했던 것처럼 책을 추천한다는 것은 독서교육 면에서 여러모로 의미가 있다. 책을 추천하려면 읽었던 책이라도 다시 한번 읽어보며 추천하기에 적당한지를 확인하고, 상대방에 맞는지 고민해야 하며, 추천 이유도 생각하는 등 그냥 읽었을 때보다 몇 배의 관심을 기울여야 한다. 그런 이유로 추천받는 사람뿐만 아니라 추천하는 사람의 기억에도 각인된다. 이번 장에서는 누군가에게 책을 추천하는 방법에 대한 이야기를 하려고 한다.

직업적 특성으로 우리 집에는 책이 온 집안을 뒤덮고 있다는 느낌이 들 만큼 많다. 집에 책나무가 있는 거 같다는 농담을 할 정도로 계속해서 새로운 책이 쌓인다. 정리하는 차원에서 주기적으로 책을 기증하는데, 기증할 때도 무조건 모든 책을 다 보낼 수는 없었다. 기증할 대상이나 기관의 성격과 맞는 책을 골라야 했기 때문이다. 만약 기증할 곳이 초등학생들이 이용하는 아파트의 작은 도서관이라면 어른들에게 필요한 책이나 편향적인 내용을 담은 책들은 제외시켰다. 책을 분류해야 할 때 아이들의 도움을 받곤 했는데 책을 정리하다 보면 책과 얽힌 추억을 떠올리며 재잘대거나 이리저리 뒤적이며 이 책은 어땠고, 저 책은 그랬으며, 이 책을 읽을 때는 너무 싫었다는 둥 책에 관한 이야기나 추억을 늘어놓는다.

그러던 어느 날 작은아이가 자기가 제일 좋아하는 책이었다며 어린 시절에 읽은 책을 꺼내 들었다. 따로 간직하고 싶냐는 물음에 그렇게까지는 아니지만 이걸 읽을 아이에게 편지를 쓰고 싶다는 대답이 돌아왔다. 이 책을 읽는 아이도 자기처럼 이 책을 읽고 감명받았으면 좋겠고 소중하게 다루어주길 바라는 마음을 전하고 싶단다. 그러더니 포스트잇에 자신이 책을 읽으며 느낀 점과 추천 이유, 꼭 읽고 다른 사람에게도 추천해 달라는 당부의 말을 남겼다. 그걸 본 순간 나는 너무 좋은 독서교육방법이라는 생각이 들었다. 그 순간에는 너무나 감동적이어서 이보다 더 좋은 교육은 없을 거라는 생각까지 했을 정도다.

독서지도 선생님들이나 아이들 모두 힘들어하는 것이 독후감을 쓰는 일이다. 어쩌면 아이들은 독후감만이 아니라 글 쓰는 것 자체를 힘들어하고 기피하는 것 같다. 여러 가지 이유가 있을 것이다. 심리적인 면에서 보면 인간은 모두 자신의 의지 즉 자신이 하고 싶다거나 해야 한다는 동기부여가 되지 않은 일은 힘들어한다. 잘 생각해보면 집에서 청소할 때도 그렇다. 똑같은 분량의 일인데도 어떤 날은 신나서 후딱 해치우고 뿌듯해하지만, 하기 싫은 날에는 신세한탄과 함께 이런 일을 자신에게만 맡기는 식구들에 대한 원망이 커진다.

아이들은 더하다. 호기심과 설렘으로 동기부여가 스스로 넘치던 저학년 때는 신나서 하던 일들이 학년이 올라가면서 점점 시들해질 뿐만 아니라 기피의 대상, 힘듦의 대상으로 전락해버린다. 이런 이유에서 교육현장에서도 점점 스토리텔링을 가미하거나 토론식 수업 등으로 학습자가 참여하여 능동적인 자세로 수업할 수 있는 수업 모형을 연구하고 도입한다.

책을 추천하면 바로 이런 참여식 수업, 능동적인 학습태도를 배울 수 있다. 책을 추천하려면 책을 읽으며 많은 생각을 해야 한다. 자신이 감동받은 책이 아니면 추천할 이유가 없으니 말이다. 그러니 그냥 흥미로만 책을 읽을 때와는 다르게 책의 구석구석을 읽어보며 감동적인 부분들을 찾으려고 할 것이다. 책의 내용을 파악한 후에도 나름 추천서를 써주기 위해 책에서 자신에게 감동을 준 글들에 밑줄을 긋거나 노트에 필사하며 내용을 더욱 깊이 있게 생각해보게 될 것이다. 이런 순간에 누군가 지도하는 사람이나 어른 혹은 친구들이 함께한다면 다른 사람들의 생각도 알고 싶어 하는 경우가 많다.

"이런 부분은 너무 이상해. 진짜 이런 일을 겪으면 화가 날 텐데 왜 화를 내지 않는 거지?"

"제제처럼 이렇게 슬프게 사는 아이들이 진짜로 있을까?"

다양한 질문들을 공유하며 추천 이유를 찾을 것이다. 질문은 어디서나 중요한 역할을 한다. 식당에 가서 메뉴를 고를 때도 추천해 달라고 하면 일단 여러 가지 질문이 먼저 나온다. 매운 것을 좋아하는지 달콤한 것을 좋아하는지 면을 원하는지 밥을 원하는지 이런 질문들을 통해 대상이 원하는 것의 범위를 좁힌 후 추천 메뉴를 정한다. 책을 추천하는 이유를 찾을 때도 마찬가지다. 그 후에는 책의 내용을 간략하게나마 요약해서 설명하기 위해 읽었던 책의 내용을 다시 되새겨볼 것이다. 그 책에 대해 다시 한번 살펴보는 것만으로도 가치가 있다.

[제6전략]

낭독 - 뇌를 팍팍 깨우는 소리 내어 읽기의 힘을 믿자

앞서 사랑하는 그날까지 아이에게 책을 읽어주어야 한다는 이야기를 했었다. 이번 장은 엄마가 아니라 아이가 엄마에게 책을 읽어주는 거꾸로 전략에 대한 이야기다. 사실 앞서 이야기했던 것은 읽어주는 엄마가 얻을 수 있는 장점이 아니라 듣는 아이에게 도움이 되는 장점들이었다.

이번에는 책을 읽어주는 사람에게 생기는 장점을 알아보자. 간단하게 생각해보면 책을 읽어주든 소리 내지 않고 묵독하든 책을 읽는다는 결과는 같은 것이라고 생각할 수 있다. 결론부터 말하면 소리 내어 읽는 낭독과 묵독은 완전히 다른 행위이며 다른 결과를 가져온다.

부모들은 아이들이 어린 시절에 다양한 교육을 시키려고 한다. 교육시킬 수 없는 나이임에도 불구하고 개월 수에 따라 모빌 같은 것을 활용해 아이의 뇌에 자극을 주고, 조금 성장하면 몸으로 하는 놀이나 음악, 미술, 피아노 등을 통해 다양한 교육을 시킨다.

물론 이런 교육에는 여러 가지 이유가 있고 원하는 결과도 모두 다를 것이다. 그러나 그런 교육의 기저에는 알게 모르게 믿음 하나가 깔려 있는 듯하다. 이런 식으로 다양하게 자극을 주면 머리가 좋아지지 않을까? 뇌에 자극이 되니 창의적인 사고를 할 수 있고, 사고력도 높일 수 있을 거라는 믿음이다. 그런 생각으로 교육하는 건 아니라고 항변할 수 있다. 그러나 사교육 시장의 광고를 보면 'EQ 성장, 창의력 향상, 사고력 향상' 같은 문구가 빠지지 않는다. 결국 이런저런 것들을 시키면 뇌가 발달하여 학습력이 되었든 다른 것이 되었든 인생에서 겪게 되는 다양한 문제에 도움이 될 것이라는 생각이 바탕이 된다는 것은 부정할 수 없을 것이다.

그런 믿음이라면 낭독만 한 게 없다. 낭독은 뇌의 활성화 면에서는 최고의 비법이다. 뇌의 영역 중 베로니케와 브로카 영역이 묵독할 때보다 낭독할 때 더욱 활성화되며, 이는 뇌의 70%를 활성화하는 즉 뇌를 운동시키는 것과 같은 효과를 준다. 또 묵독할 때보다 집중할 때 나오는 세타파와 델타파로 불리는 저주파가 많이 측정된다. 이런 이유로 우리가 흔히 말하는 숙련된 독서가와 초보 독서가의 뇌가 다른 것이다.

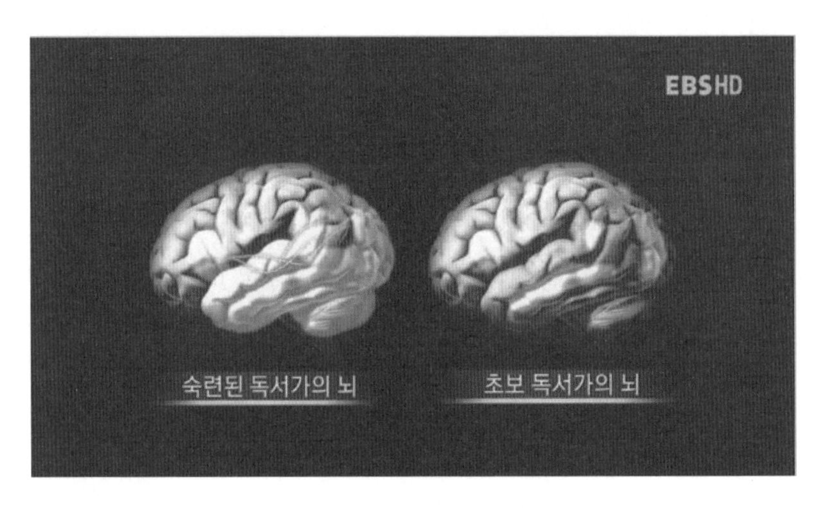

– EBS 교육대기획 10부작 〈학교란 무엇인가 7부 책 읽기, 생각을 열다〉, 2010년 11월 24일

아무리 낭독이 좋다고 말해도 낭독하기란 쉽지 않다. 소리 내서 읽는 게 뭐가 힘든지 모르겠다고 한다면 한번 직접 해보면 된다. 아마 3장 정도까지만 읽어도 많이 읽었다고 생각하게 될 것이다. 혼자 읽는 것은 지치기도 하고, 재미도 없는 일이기 때문이다. 그래서 이런 낭독이 제대로 값어치를 하려면 반드시 '맞장구'라는 곁들임이 필요하다. 여자들이 모이면 이야기 나누는 시간 즉 수다를 떠는 시간이 길어진다. 2~3시간 수다를 떨다가도 헤어질 때는 자세한 건 전화로 하자거나 다시 만나서 하자는 식의 끝맺음이 나오기도 한다. 그만큼 할 이야기가 많기도 하지만 수다를 떠는 것이 재미있고 지치지 않는 행위임을 입증한다. 그러나 만약 수다 상대가 계속해서 휴대폰을 하고 있거나, 자신의 이야기만 하고 내 이야기를 들어주지 않는다면 30분 정도만 지나도 피곤함이

느껴질 정도로 힘들 것이다. 이것이 바로 맞장구 효과다. 누군가가 나의 이야기를 경청해주고 거기에 반응해주면 지치지 않고 계속해서 이야기할 수 있는 힘이 생기고 이야기도 더욱 재미있어진다. 책 읽기도 그렇다. 맞장구 없이 혼자 하는 낭독은 오래 지속할 수 없다.

강의할 때 개인적으로 낭독에 대한 강의 내용을 천만 원짜리라고 말한다. 뇌의 다양한 영역을 활성화시켜주니 사교육비도 줄일 수 있을 뿐만 아니라 맞장구를 잘 곁들이면 신나게 대화했다는 느낌마저 들게 하기 때문이다. 또 맞장구치며 생각하는 시간이 있으니 책 내용에 대해서도 한 번 더 사고하며 읽을 수 있다.

그러므로 반드시 엄마나 아빠의 생일선물로 '원하는 시간에 책 5장 읽어주기' 같은 선물을 받아보길 권한다. 아이가 책을 읽어주는 소리는 누군가의 표현대로 은쟁반에 옥구슬이 굴러가는 소리보다 더 듣기 좋으며, 그 소리에 하루 동안에 쌓인 모든 피로가 풀려 스르륵 잠이 들기도 할 것이다.

"엄마는 네가 책 읽는 소리가 자장가 같아. 어느새 스르륵 잠이 들거든. 너무너무 신기하게도 그러고 나면 기분이 좋아져. 정말 고마워, 책 읽어줘서!"

[제7전략]

가족 - 독서 DNA를 물려줄 나만의 방법을 찾아라

박지원 가의 독서비법 7가지

1. 사람마다 개성이 다르니 끌리는 책을 읽어라.
2. 정독으로 천천히 읽으면서 창의력을 키워라.
3. 읽은 책을 요약하고, 자신의 생각을 덧붙여라.
4. 읽은 책의 내용과 형식을 모방해 글짓기 연습을 하라.
5. 친구들과 함께 모여 책을 읽어라.
6. 기존의 틀에 얽매이지 말고 자유롭게 독서하라.
7. 철이 들면 책을 읽을 테니 조급해하지 마라.

– 《세계명문가의 독서교육》, 최효찬, 바다출판사, p194

위 내용은 실학자로 알려진 열암 박지원 가의 독서비법을 정리한 것이다. 나는 이 비법을 필사해 놓고는 가끔 쳐다보곤 한다. 조선시대 학자가 남긴 것이라고는 믿기지 않을 만큼 현재 우리에게도 맞아떨어지기도 하고, 이런 독서비법을 후대에 전하는 대학자의 모습에 부러움과 존경스러운 마음이 들었기 때문이다.

교육이란 앞선 지식인들이 행했던 경험에서 나온 지식들을 배우고 익힌 후 연구하여 학문에 깊이를 더하거나, 더 나아가 그를 바탕으로 새로운 학문을 탄생시키는 일일 것이다. 그런 의미에서 독서는 과거나 현재 시대를 막론하고 학문에 있어서 매우 중요하게 익혀야 하는 분야다. 이런 내용은 동서양 구별 없이 많은 선조들에게서 찾아볼 수 있다.

> 문제는 어떤 책을 읽느냐와 어떻게 읽을 것인가이다. 여기에서 가장 필요한 것이 자녀의 독서교육에 참고할 수 있는 역할모델이다. 역사상 뛰어난 업적을 남긴 인재들이 어린 시절부터 어떤 책을 어떤 방법으로 읽었는지를 알 수 있다면, 한결 수월하게 자녀들에게 독서교육을 할 수 있을 것이다.
>
> – 《세계명문가의 독서교육》, 최효찬, 바다출판사, p8

우리는 교육에서만이 아니라 모든 일에서 역할모델이 필요하다. 역할모델을 통해 열심히 하면 내가 세운 목표를 이룰 수 있다는 믿음을 가질 수 있고, 역할모델이 보여주는 방법에 따라 실천해 여러 가지 실패에 부딪힐 확률을 줄일 수 있다. 가고자 하는 길에 쉽고 빠르게 가기 위한 지름길을 아는 것과 같으니 나쁠 일이 없다.

그런 이유에서 부모가 역할모델이 되어야 한다. 그러나 부모가 역할모델이 되어 실행한다고 해서 처음부터 아이들이 부모의 모습을 따라 하지는 않을 것이다. 어른들이 원하는 것을 따라 하는 것이 힘들기도 하지만 어린 나이에 늘 있는 반항심과 다른 곳을 향한 호기심 등 이유는 다양하다. 그러나 그런 시간을 지나 성장한다면 살다가 힘들다고 느꼈을 때 무의식적으로 역할모델이 보여주었던 모습을 따라 하게 된다. 어렵지 않게 떠올릴 수 있는 삶의 모습이다. 자신은 엄마나 아빠 같은 어른이 되지 않겠다고 하지만 시간이 흘러 어른이 되면 자신이 닮기 싫다고 했던 부모의 모습과 매우 닮아 있는 경우가 많다. 그런 식으로 한 사회가 가지고 있는 문화와 가치관 등이 고스란히 대대로 후손들에게까지 전해진다.

생물학적인 것만이 유전되는 것이 아님을 기억해야 한다. 가족끼리 유전병을 가지는 이유는 유전자가 닮았기 때문이기도 하지만 환경이나 습관 등에서 오는 경우가 더 많다는 통계가 있다. 먹는 음식과 생활 습관이 거의 같으니 같은 병에 걸릴 확률이 높아질 수밖에 없다. 부모가 되기 위해 임신 전부터 태교에 힘쓰라고들 하는 이유 역시 이것일 것이다. 임신 전부터 건강한 정신과 몸을 만들어야 임신이 된 후에도 태교에 힘쓸 수 있다.

그러니 독서를 유전시키고 싶다면 선조들이 했던 것처럼 역할모델이 되기 위해 노력하고, 박지원처럼 후손들에게 물려줄 독서비법을 남겨야 한다. 말은 거창하지만 실제로는 자신이 독서하면서 생각했던 것들을 정리해서 알려주면 된다. 독서하는 모습을 보여주고, 함께 독서하면 되는 일상의 모습일 뿐이다.

깃털맘의 독서비법
1. 좋은 글귀를 찾거든 꼭 적어두어라. 적어두지 않은 것은 나의 것이 아니다. 2. 언제든 읽을 만한 책을 들고 다녀라. 단 5분이어도 집중할 수 있다면 좋은 독서시간이 된다. 3. 내가 좋아하지 않는 분야의 책도 꼭 읽는다. 그래야 메디치 가처럼 천재적인 아이디어를 가질 수 있다. (중략)

이것 역시 내가 따로 적어두었던 독서비법 중 일부다. 이렇게 적어 아이들이 볼 수 있는 곳에 두기도 하고, 부모만이 아니라 아이들이 찾은 나름의 비법을 엄마에게 추천하도록 부탁해보는 것도 좋다. 아이들 역시 책을 읽으며 독서비법을 추천해주기 위해 '어떻게' 읽어야 하는지 읽기에 대해 생각해볼 것이기 때문이다. 이것이 우리 가족과 그 후손들에게까지 독서 DNA를 물려줄 방법이 될 것이다. 읽기를 멈추지 말아야 우리의 성장도 멈추지 않는다.

10 - 오늘은 작명가, 주인공 이름 지어보기

독서지도를 할 때 많은 활동들이 단순한 하나를 향해 가고 있다는 것을 알 수 있다. 책을 제대로 이해하고, 깊이 있게 읽고, 자신의 삶에 적용할 수 있는가를 알기 위해 혹은 그렇게 하기 위해 다양한 방법들이 필요한 것이다. '오늘은 작명가, 이런 이름은 어때요?'는 인물을 제대로 이해하였는가를 알기 위한 활동이다.

1. 책을 읽고 등장인물을 모두 찾아 정리해본다.

2. 책에 설정된 이름이 있다면 이름을 적어보고, 없다면 작가가 인물을 부르는 방식대로 이름 칸에 적는다.

3. 자신의 생각대로 인물의 이름을 작명해보고, 그렇게 작명한 이유를 이야기해본다.

등장인물	이름	내가 지은 이름	이유

등장인물	내가지은이름	이유
콩쥐	순진이	순수해서
팥쥐	돌석이	돌멩이처럼 모질어서
계모	명박이	명령하고, 구박해서
도련님	세주	콩쥐에게 구세주같아서

11 - 오늘은 사서 선생님, 책 분류하기

독서를 싫어하는 아이들을 보면 아이가 하는 독서활동의 대부분이 정적인 활동인 생각하기, 쓰기, 말하기인 경우가 많았다. 당연히 나가서 노는 것보다 재미가 없는 거다. 늘 책상에 앉아서 글을 쓰라고 하거나 생각해보라고 하는 게 지루하기만 하다. 가르치는 입장인 나 역시 뭔가 활동적인 놀이 같은 것을 하고 싶지만 그런 것이 독서지도에 없는 게 불만이다.

그래서 '책 정리하기' 활동을 준비했다. 지금까지 읽었던 혹은 집에 있는 책을 분류해보는 거다. 분류는 여러 가지 면에서 중요한 개념이기도 하다. 학습에 있어서도 배운 내용을 잘 분류해서 넣을 수 있어야 제대로 정리하고, 기억한 것을 필요할 때 꺼내 사용할 수 있기 때문이다.

1. 지금까지 읽은 책제목을 포스트잇에 정리해본다. 읽은 책이 많은 경우 한 달 동안 읽은 것이라는 단서를 두고 적어보자.

2. 포스트잇을 모아두고 책을 분류한다. 분류를 위해서는 기준이 필요하니 먼저 기준을 정하자.

'읽고 재밌었던 책 vs 재미없었던 책'

'이야기책 vs 과학책 vs 그림책'

'소설 vs 위인전 vs 과학책 vs 잡지'

'문학 vs 비문학'

3. 포스트잇으로 분류하면서 한 가지 기준만이 아니라 다양한 기준으로 다시 분류해본다.

4. 분류 후 도서관의 책 분류법에 대해 생각해본다. 미리 엄마가 준비한 자료나 정보가 있다면 설명해줘도 좋다.

5. 직접 자신이 분류한 대로 책을 정리해도 좋고 단순히 활동만으로 끝내도 좋다.

12 - 책의 배경지식을 아주 살짝 공개하기

책 읽기가 어려운 이유는 개인별로 전부 다르다고 해도 과언이 아니다. 다만 아이들의 경우엔 배경지식이 없어서 그럴 때가 많다. 어른들도 자신이 전혀 모르는 내용이나 흥미 없어 하는 내용의 책을 읽으라고 하면 몇 장 읽지 않고서 포기할지도 모른다. 그런 이유에서 이번 활동은 함께하는 게 아니라 독서지도를 하려는 사람이 먼저 책을 읽고 해야 하는 선행 활동이다.

1. 아이와 함께 읽으려고 하는 책을 읽기 몇 주 전이나 몇 달 전에 미리 읽는다.

2. 책에 나와 있는 내용 중 아이가 어려워할 내용들을 정리한다.

3. 생활 속에서 틈날 때마다 관련 내용과 상황에 대한 배경지식이 될 수 있도록 언급해준다. 만약 과학책을 읽히려고 하는데 '용해'에 대

한 배경지식이 필요하다면 미리 생활 속에서 이해할 수 있도록 도와주는 것이다.

"이것 좀 봐. 물에 설탕을 타니까 스르륵 녹아버리네. 이런 것을 뭐라고 하는지 알아? '용해'라고 해. 이런 용해 현상들이 우리 주변에 또 뭐가 있을까?"

4. 한 번에 전부가 아니라 미리 서서히 가르쳐주다가 시간차를 두고 책을 읽으면 아이가 자신이 아는 내용이 나왔음을 알고 기뻐하며 책을 읽을 것이다.

"엄마, 여기에 용해가 나와요. 나 용해가 뭔지 아는데 신기해요."

5. 이번 활동의 주의사항은 티 나지 않고 비밀스럽게 배경지식을 쌓아주어야 한다는 점이다.

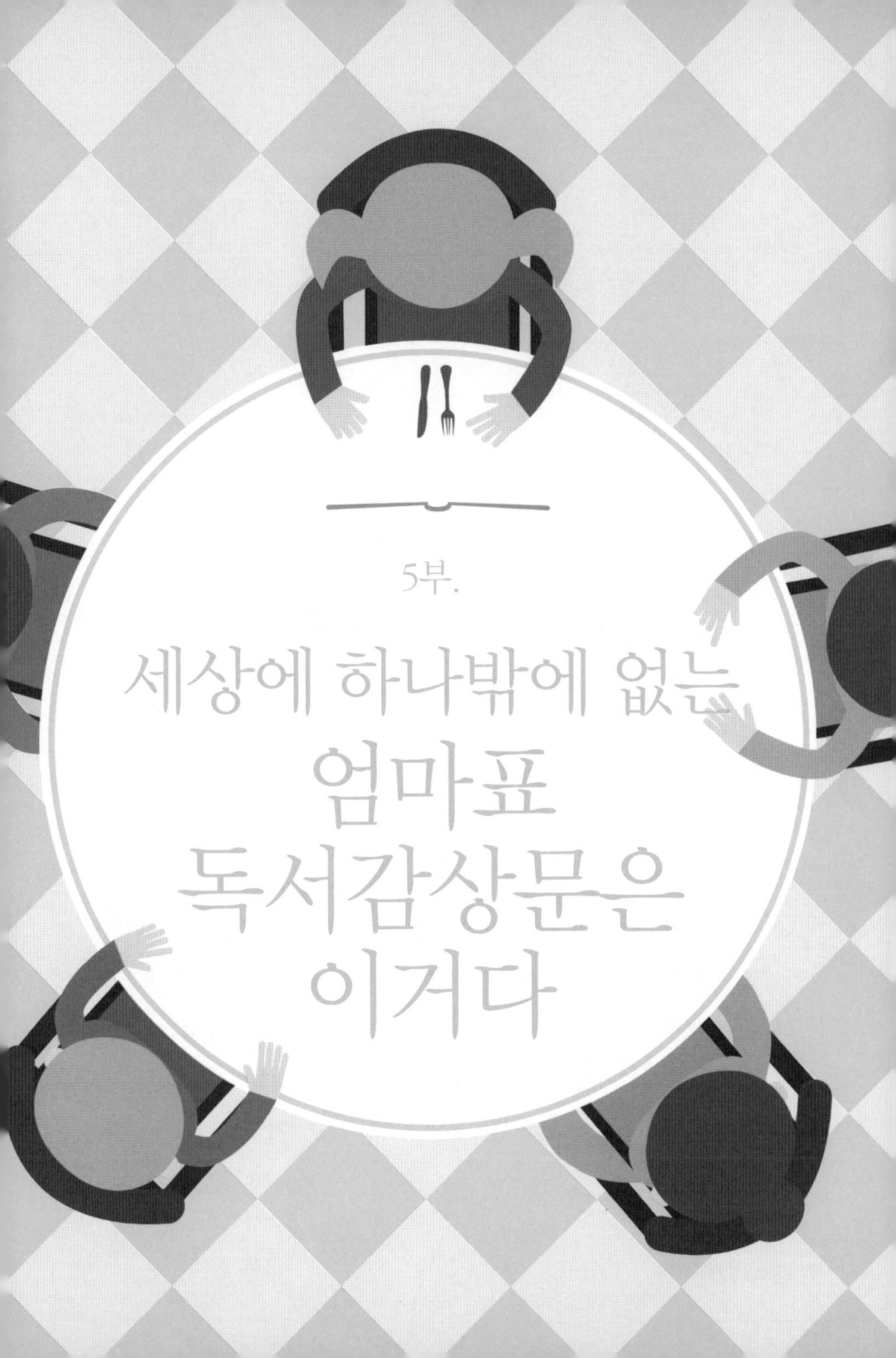

5부.

세상에 하나밖에 없는 엄마표 독서감상문은 이거다

01

읽기 전에 책 읽기 전략을 세운다

독서감상문 즉 독후감은 학창 시절 내내 때로는 과제로, 때로는 ○○대회에 참가하기 위해 참으로 많이도 썼던 장르다. 학생이었던 그 당시에는 글쓰기가 너무 싫어서 왜 꼭 독후감을 써야 하는지에 대한 의문을 가졌었다. 책을 읽으면 그뿐이지 설마 내용도 모르고 읽을까라는 생각이 들었고 어른들이 아이들을 괴롭히기 위해 만든 숙제 중 하나라고 여겼다.

그래서인지 그렇게 오랫동안 자주 독후감을 썼으면서도 책이 어려우면 어려운 대로 쉬우면 쉬운 대로 써야 한다는 부담감은 마찬가지였고, 노래방에 가면 애창곡을 습관적으로 부르는 것처럼 독후감 쓰는 양식도 크게 변하지 않고 줄기차게 하나의 방식을 고집했다. 성인이 되자 독후감을 쓰지 않아도 된다는 사실이 기쁘고 좋았지만 사라져버려 가물가물한 결말 부분이나 멋진 글귀 하나 떠오르지 않을 때면 내 아이들에게만은 독후감이나 독서록을 쓰게 해야 하지 않을까 하는 생각을 하곤 했었다.

책을 읽고 마지막 장을 덮는 순간 머지않아 책이 나에게서 멀어져 간다는 것을 알게 된 것이다. 그런 이유에서 책을 제대로 내 것으로 만들려면 책의 마지막 장을 덮는 순간부터가 중요하다는 생각을 하게 되었다. 책을 읽는 행위만이 아니라 책을 고르는 첫 순간부터 책을 다 읽고 나서 책을 어떻게 나의 것으로 만드는지에 대한 마지막 단계까지가 독서라고 광범위하게 정의하게 된 것이다. 책을 읽은 후 책의 의미를 진정으로 잘 활용할 수 있다면 독서가 인생을 바꿨다고 하는 사람들처럼 인생의 중대한 전환점을 맞이할 수 있을지도 모를 일이다.

아쉽게도 요즘 아이들 역시 우리가 그랬던 것처럼 독후감에 알레르기 반응을 보인다. 수업 중에 가끔 독후감의 어떤 부분이 어려운지 물어보는데 아이들의 대답은 매우 추상적이고 광범위한 단어들로 채워져 있다. '어떻게' 써야 할지 모르겠다고 한다. '뭘 어떻게'도 아니고 그냥 무조건 어떻게 써야 할지 모르겠단다. 이런 말을 하는 가장 큰 이유는 글쓰기가 어려운 것도 있지만 쓰기 싫다는 생각이 앞뒤 생각을 꽉 막히게 하는 게 아닌가 싶다.

독후감만이 아니라 일기를 쓸 때도 논술문을 쓸 때도 그렇게 말하는 걸 보면 아마 맞을 것이다. 그냥 무조건 글을 쓴다는 것 자체가 힘든 모양이다. 그러니 글을 써야 하는 과제가 있으면 머리부터 아픈 것이다. 독후감 역시 책을 읽고 글을 써야 한다는 점에서 음악이나 미술 같은 표현의 영역이 아닌 글쓰기 영역으로 생각한다. 무조건 무엇인가를 써야 하는 글쓰기의 영역으로 느끼는 순간부터 머리가 어지럽게 뒤엉켜 골치가 아프다.

그다음 대답이 '무엇을' 써야 할지 모르겠다는 말이다. 책을 다 읽고 줄거리도 알고, 내용도 이해하고, 심지어 재미도 있었지만 막상 쓰려니 뭘 써야 할지 모르겠단다. 듣는 나 역시 답답할 정도다. 독후감 쓰는 법을 모르냐고 물으면 그건 아니지만 무조건 모르겠다니? 정말 알고 있나 싶어서 독후감을 어떻게 쓰냐고 물어보니 선생님이나 엄마가 해주는 대답은 늘 한결같다고 했다.

"줄거리랑 네가 느낀 걸 쓰면 돼. 그러니까 책을 읽고 네 생각을 쓰는 거지. 책을 읽으면서 어땠는지 잘 생각해봐."

대답만 보면 독후감 쓰기의 모든 것을 잘 요약해둔 듯하다. 그러나 이런 말을 찰떡같이 알아듣고 독후감을 쓸 수 있는 아이는 거의 없다. '독서감상문'은 다른 말로 '독후감'이라고도 한다. 독서를 한 후에 감상문을 쓴다는 의미다. 그러니 누구라도 당연히 독후감은 독서 후에 지도하는 것이라고 생각할 것이다. 아이들에게 물어봐도 학교를 다 마친 어른들에게 물어봐도 대답은 같았다.

그러나 독후감을 잘 쓰려면 독후감을 쓰는 그 순간이 아니라 책을 읽기 전부터 독후감을 쓰기 위한 읽기 전략이 필요하다. 독후감은 책에 대한 내용을 써야 하기 때문에 책을 어떤 식으로 읽을 것인지에 대한 전략이 필요한 것이다.

책을 왜 읽는지, 즉 책을 읽는 목적에 따라 책을 읽는 방법이 달라지는 것처럼 독후감 역시 어떤 식으로 쓸 것인지에 따라 책을 읽는 방법도 달라져야 한다. 만약 독후감을 사건 중심으로 쓰고 싶다면 읽으면서 사건의 원인과 결과 혹은 주인공이나 이야기에 주는 영향 등을 생각하며 읽어야 한다. 또는 독후감을 재미있는 편지글 형식으로 쓰고 싶다면 책을 읽으면서 편지 쓸 대상을 정해 그 인물의 행동이나 말에 집중한다.

책을 읽은 후 반드시 독후감을 써야 한다는 것을 알고 읽는다면 어느 정도는 고려하며 읽게 된다. 독서 전에 의식적으로 독후감 형식을 미리 생각해보고 어떻게 읽을지 전략을 세울 수 있다면 독후감에 대한 부담을 줄일 수 있고, 독후감의 수준 역시 높아질 것이다.

읽은 직후에는 핑퐁 대화가 먼저다

미리 읽기 전략을 생각하고 책을 읽었다면 이제 책을 다 읽고 난 후에 대한 이야기를 할 차례다. 글을 가르치면서 글이란 글쓴이가 혼자 고뇌 속에 빠져 생각과 생각을 거듭한 끝에 쓰는 것이라고 생각하는 사람들이 많다는 것을 알게 되었다. 결론부터 말하면 그렇지 않다. 혼자 빈방에서 고통스러운 시간을 보낸 뒤 글을 써야 잘 쓰는 사람들도 있지만 영화 보다가 떠오르는 영감을 가지고 쓰는 사람도 있고, 이런저런 방식으로 창작 활동에 자극을 주는 노력들을 하는 사람도 많다. 이런 시간들이 모여 처음에 떠올랐던 씨앗 같던 이야기에 살을 보태고 보태서 하나의 이야기를 만들어낸다. 그러니 글을 쓰기 위해서는 씨앗을 키우기 위한 시간과 방법이 필요하다.

독서 전에 전략을 가지고 책을 읽었지만 있는 그대로 책을 읽기만

한 경우도 많다. 책이 주는 의미를 읽고도 모르는 경우도 있고, 의미는 알지만 그 의미가 나에게 주는 영향을 모르는 경우도 있다. 어쩌면 정말 모르는 것보다 아이들의 개인 특성에 따라 무조건 처음부터 모르겠다고 생각하는 경우가 더 많을지도 모른다. 이런 현상들은 '귀차니즘' 때문이라고 볼 수 있다. 정리된 생각을 하는 것이 아이들에게 버겁기도 하고 귀찮기도 하기 때문이다.

더구나 다양한 관점으로 생각하라는 제안은 어른들에게도 어렵다. 어쩌면 아이가 정리된 생각을 하거나, 다양한 관점으로 생각할 수 있기를 원하는 것은 어른들만의 환상일지도 모른다. 어른 역시 책을 읽고 혼자 정리하며 생각하는 것이 쉽지 않고, 다양한 관점으로 생각하는 게 어려워 독서 모임도 하고 다른 사람들이 쓴 북리뷰들도 읽으며 생각을 비교하고 생각에 생각을 더하곤 한다. 그러니 아이 혼자 이런 생각을 해야 한다고 요구하는 것은 무리가 있다.

그래서 책을 읽은 후에는 대화가 필요하다. 독후감을 써야 하는 거 아니냐고 하겠지만 대화를 통해 책을 읽으며 했던 개인적인 생각들을 가다듬기도 하고, 생각의 깊이를 더하기도 하며, 또 잘못된 가치관이 있다면 바로 잡을 수 있는 기회가 되기도 한다. 흥부놀부를 읽은 아이들에게 책을 읽고 난 뒤의 생각을 물어보면 대부분 이런 감상이 나온다.

"착한 사람이 잘사는 것 같아."
"놀부처럼 나쁜 일을 하면 안 되는 것 같아."

조금 독특한 이야기를 하는 경우도 있지만 일반적으로는 책의 주제에 맞는 생각 정도를 한다. 그러나 독후감을 쓰려면 이 정도 생각만으로는 애매하고 뭔가 많이 부족하다.

"흥부가 착한 마음으로 살아서 복을 받는 것을 보니까 나도 착하게 살아야겠어."

이 정도는 어떨까? 이럴 때 슬며시 아이의 생각에 넓이와 깊이를 더할 질문을 던져야 한다.

"착하게 살면 흥부처럼 사람들 누구나 복을 받을까?"

이때 아이들은 흥부에서 벗어나 일반적인 사람들까지로 확장된 생각을 할 수 있다.

"그럴 거 같은데. 안 그럼 너무 슬프잖아."
"잘 모르겠어. 착하게 산다고 다 복을 받는 건 아닌 거 같기도 하고. 지난번에 내가 짝을 착한 마음으로 도와줬는데 걘 나한테 지우개도 안 빌려줬거든."

여기에서도 한 번 더 질문해볼 수 있다.

"그럼 이런 이야기는 왜 쓴 거 같아?"

혹은 "그럼 네 생각엔 착하게 살아야 하는 이유는 무엇인 거 같아?"

책을 읽고 아이와 대화를 나누라고 하면 모두 어렵다고 말한다. 그만큼 부모도 생각을 많이 하지 않기도 하고, 책에 대한 지식이 없기 때문이기도 하다. 책을 읽고 대화를 나누기 위해 꼭 독서지도사 자격증을 따야 하는 것은 아니다. 부모 역시 탁구공이 왔다 갔다 하는 것처럼 생각에 생각의 꼬리를 물고 이어지는 생각을 해보면 된다.

우선은 책에 나온 주제를 보고 주제가 일반적으로 그런 것인지 생각해봐야 한다. 흥부놀부의 경우 일반적인 주제는 권선징악이다. 책에서는 흥부가 복을 받았지만 현실에서는 착한 일을 했다고 모두 복을 받지는 않는다. 그렇다면 착한 일을 하면 꼭 복을 받아야만 하는 것일까? 착한 일은 왜 하는 것일까? 착한 일을 하고 복을 받았던 기억이 있는지, 그때 들었던 생각은 어땠나? 착한 일을 하고 복을 받은 적은 없지만 착한 일을 했을 때의 기분은 어땠나? 등을 생각해보자.

이렇게 대화하다 보면 처음 책을 읽고 가졌던 생각에 깊이와 넓이가 확장되는 것을 느낄 것이다. 게다가 아이와 엄마의 서로 다른 가치관에 대해서도 알게 되고 서로에게 배우는 기회가 되기도 한다. 다양한 관점을 알게 된다는 것은 생각의 넓이를 넓히는 일이다.

대화가 주제와 맞지 않는 쪽으로 갈 때도 있는데 역시 걱정할 필요 없다. 독서 모임에서도 책 한 권을 다 읽고 토론하기도 하지만, 때로는 책의 어느 부분만을 읽고 깊이 있게 대화하기도 한다. 그러니 아이가 책의 전반적인 주제에 관심을 가지지 않고 부분에 관심을 가지고 질문한다고 해도 깊이 있게 생각하고 대화할 수 있다면 의미가 있다. 독후감 역시 전체적인 내용을 언급한 후 중요하다고 생각하는 부분을 중심으로 해서 자신의 생각과 느낌을 적는다면 일반적인 주제를 가지고 쓰는 독후감과는 다른 창의적인 독후감이 될 수 있을 것이다.

이렇게 핑퐁처럼 왔다 갔다 대화를 나눈 뒤 글을 쓴다면 무조건 흥부처럼 착하게 살자거나 놀부가 나쁘다는 이야기를 쓰지는 않을 것이다. 그리고 독후감의 형식에 매여 글을 쓰지 않아도 된다. 대화한 그대로 착하게 산다는 것에 대한 자신의 생각을 쓰고, 앞으로 나는 어떤 식으로 살아야겠다는 식의, 말 그대로 독서 후 자신의 삶에 어떤 영향을 주었는지까지 쓰는 인생 감상문이 될 수도 있는 것이다.

03

어떤 아이도 독후감을 쓰게 만들 수 있는 쓰기 전략 5단계

학교를 졸업한 후 배운 것들은 대부분 재미있었다. 일단 흥미가 가는 것만 골라 배웠기 때문이기도 하고, 시험에 대한 스트레스도 없는 데다가 무엇보다 체계적으로 단계별로 가르쳐 주는 프로그램들이 좋았다. 누구나 쉽게 배울 수 있도록 프로그램들이 잘 준비되어 있었다. 그래야 많은 사람들이 쉽게 도전하지 그렇지 않다면 배울 엄두조차 내지 않을 것이기 때문이다. 이런 프로그램들의 특징은 대부분 초보 과정을 지나서 전문가 과정을 둔다. 쉬운 과정을 거치며 익숙해지면 서서히 조금 더 어려운 단계, 그리고 조금 더 어려운 단계 등을 통해 전문가 과정까지 제대로 배우게 한다.

독후감도 그렇다. 단계를 둘 수 있다면 두는 것이 좋다. 처음부터 줄거리도 완벽하게 쓰고, 자신의 생각도 쓰고, 읽고 난 후의 변화까지 쓰라고 하면 독후감을 쓸 엄두가 나지 않을 것이다. 단계별 글쓰기처럼 단계를 두어 쓰게 하는 것이 쉽게 배워 쉽게 쓰는 방법이다. 그러나 안타깝게도 글쓰기를 단계별로 정리한다는 것 역시 쉽지 않다. 그러니 지금부터 소개할 단계를 차근차근할 수도 있겠지만 학년이나 역량에 따라 건너뛰거나 순서를 바꾸어서 해보는 등 아이에 따라 다른 적절한 방법을 사용하길 권한다.

1단계 – 마구마구 풀어 놓기

책을 읽다가 어려운 내용이 있으면 누군가에게 물어보면 좋으련만 그냥 쓰윽 너무나 자연스럽게 지나가는 것이 우리 아이들이다. 한번은 '시정해야 한다'라는 아이들에게 어려운 어휘가 있어 어떻게 이해했는지 궁금해서 물어보니 문장을 읽은 아이들 대부분 그 뜻을 모르면서도 아무런 불편을 느끼지 않았다. 물론 글이란 게 맥락을 통해 이해하는 것이니 단어 하나 모른다고 크게 불편하지 않을 수는 있다. 그러나 그런 문장이 있었는지조차 기억하지 못하는 걸 볼 때면 책의 단어들과 문장 하나하나를 음미하며 읽는 슬로우 리딩의 필요성을 절감한다. 이런 이유에서 독후감 쓰기 1단계는 마구마구 풀어 놓기 단계다. 독서를 통해 어휘력을 높일 수 있는 방법이기도 하니 독후감을 위해서가 아니라도 꼭 해보길 바란다.

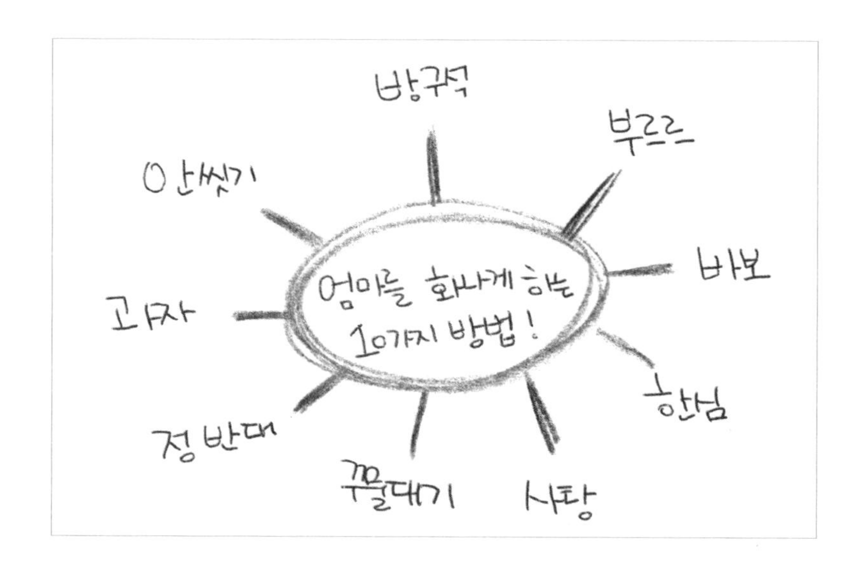

이렇게 풀어 놓은 어휘가 책과 관련이 없더라도 괜찮다. 만약 책에 '산모퉁이'라는 단어가 나왔는데 아이가 '산길'이라고 썼다면 아이의 상상 속에서 책을 읽으며 느끼는 어휘였으니 괜찮다. 그러나 대화를 통해 왜 그런 어휘를 생각했는지 이야기해보는 것은 필요하다. 아이들은 뜻을 모른 채 단어의 의미를 대충 추측해서 말하곤 하기 때문에 재미있는 답을 들을 수도 있다. 이렇게 책과 관련된 어휘를 풀어 놓는 과정에서 아이들은 책의 내용을 다시 떠올려볼 것이다. 책을 함께 읽은 부모님이라면 서로가 보이지 않도록 가린 채 생각나는 어휘들을 쓴 후 바꾸어서 생각해보면 더욱 좋다.

2단계 – 쪼개서 요약하기

독후감에 꼭 들어가는 것 중 하나가 줄거리 요약이다. 학년에 따라 아이들의 개인역량에 따라 편차가 심한 부분이다. 어떤 아이들은 줄거리 요약만으로도 서너 장이 족히 넘는데 무엇이 중요하고 중요하지 않은지 핵심을 간추리는 것이 쉽지 않아 생긴 결과다. 어른들이라고 별반 다르지 않다. 영화가 되었든 책이 되었든 줄거리 요약이 쉽지만은 않은 것이다.

이럴 때는 전체 내용을 한 번에 요약하게 하지 말고 책의 내용을 시간 순서로 다시 한번 정리해보자. 시간 순서대로 정리하는 걸 어려워한다면 포스트잇같이 옮기기 편한 종이에 생각나는 대로 중요한 사건이나 사실만을 정리한 후 시간 순서대로 맞춰본다. 시간 순서대로 정리하면서 그 일에 대한 자신의 생각도 함께 정리해보면 더욱 좋다. 그러나 시간이 걸리기도 하고, 아이가 힘들어한다면 사건만 정리해도 된다. 이렇게 정리한 것들 중 자신이 중요하다고 생각하거나, 독후감에 쓰고 싶다고 생각하는 것만을 골라 줄글로 이어서 매끄럽게 쓰면 한 편의 독후감이 될 수 있다.

사건 혹은 사실	자신의 생각
놀부가 제비 다리를 부러뜨렸다.	나쁜 사람이라는 생각이다.
흥부가 박을 터뜨렸다.	역시 착한 일을 했으니 복을 받는구나.

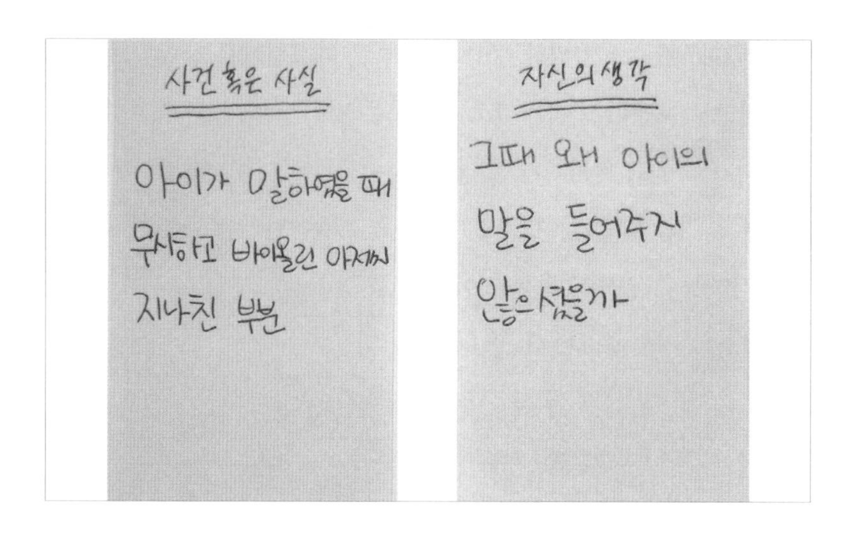

3단계 – 책 읽기 전, 중, 후로 나누기

독후감을 쓰라고 하면 대부분 책을 읽게 된 동기나 이유를 먼저 쓰고, 그다음 줄거리, 마지막으로 책을 읽고 난 후의 생각 순으로 쓴다. 이렇게 본다면 독후감을 크게 3단계로 나눌 수 있는 것이며, 왠지 쓰는 것도 어렵지 않게 느껴질 것이다. 어떤 글이 되었든 글의 단계는 처음, 중간, 끝이 있다는 것을 아는 것이 글쓰기를 가볍게 느끼게 만든다.

그러나 막상 글을 써야 하는 아이들은 이런 순서를 추상적으로라도 생각해내는 것이 어려운 모양이다. 줄글로 된 덩어리글이 사실은 문장 하나부터 시작되어 이루어진다는 사실을 잊는다. 덩어리글이 단어라는 작은 조각에서 시작한다는 가벼운 생각을 하지 못한다.

그러니 글을 쓰기 위한 구상 단계 혹은 개요단계는 단어나 단문의 문장만으로 채운다고 하더라도 적어보는 것이 좋다. 그래야 머릿속이 정리되기도 하고 빠지거나 보태야 하는 것들에 대해 파악할 수 있다. 어렵게 정리할 필요 없이 글쓰기에서 늘 쓰는 3단계를 나누어서 가볍게 생각해볼 수 있도록 하는 것이 좋다.

기본 개요표 3단계를 질문처럼 써본 경우		
처음	내가 읽고 있는 책의 제목과 읽은 이유	
중간	가장 기억에 남는 이야기	
끝	이 책을 읽고 사람들에게 해주고 싶은 이야기	

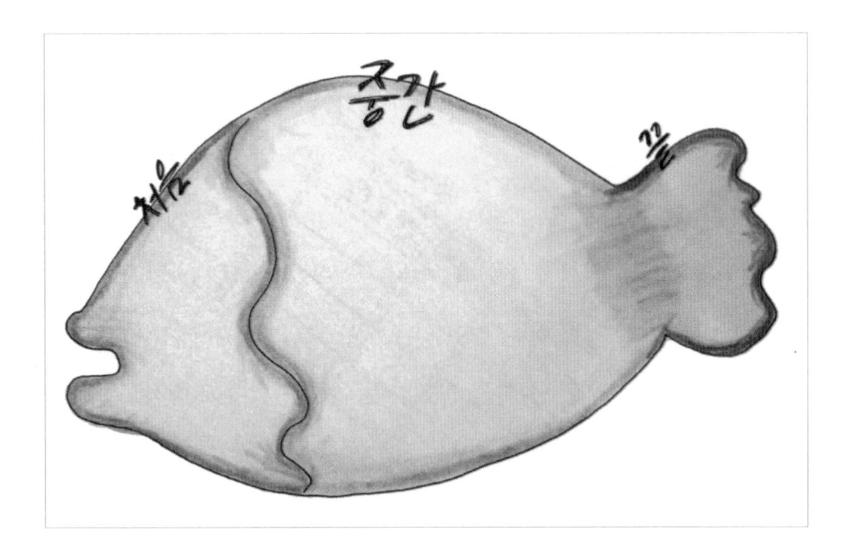

위 표처럼 독후감에 쓸 내용을 질문에 넣어 질문지를 만든다. 3단계로 나누어 쓰기도 힘들어한다면 질문지를 세부적으로 더 작게 나누어도 된다. 이렇게 표를 만들어 질문에 답하듯이 글을 쓴 다음 질문을 지운 후 쓴 글을 그대로 연결만 해도 한 편의 독후감이 되기 때문이다. 질문에 답하듯이 글을 쓰게 하면 자연스럽게 글쓰기 방법을 익힐 수 있다.

책을 고른 이유 혹은 책을 처음 본 느낌을 적어보세요.	
책의 간단한 줄거리를 요약해서 적어보세요.	
가장 기억에 남는 장면이나 글을 적고 이유를 함께 생각해서 적어보세요.	
책을 권해주고 싶은 사람과 그 이유를 함께 적어보세요.	
이 책을 읽고 독후감을 읽는 사람들에게 해주고 싶은 이야기를 적어보세요.	
책을 읽고 난 뒤 자신이 변해야겠다고 생각한 부분을 생각해서 적어보세요.	

4단계 – 책에 대해 생각나는 것을 쓰기

어떤 글도 마찬가지지만 반드시 형식에 맞추어야 하는 것은 아니다. 형식대로 쓰는 것보다 공감할 수 있는 글을 쓰는 게 더 중요하다. 독후감 역시 꼭 형식에 얽매일 필요는 없다. 책을 두고 생각하는 대로 자신의 생각을 정리한 후 그중 몇 가지를 중심으로 쓰는 것도 좋다.

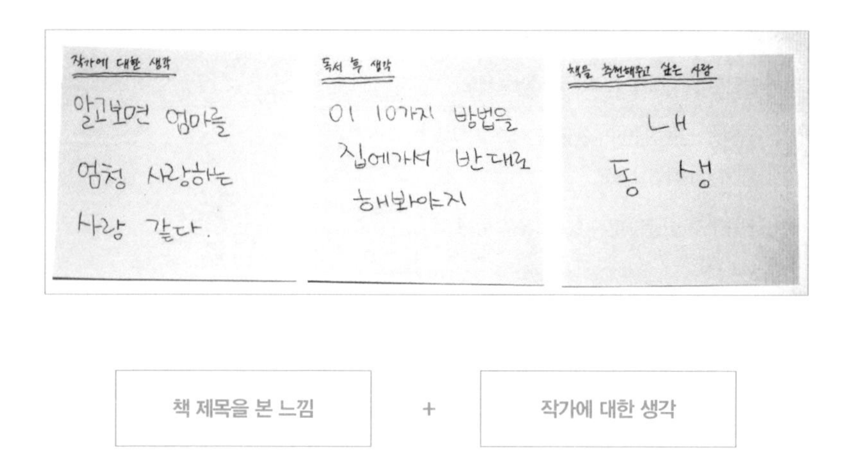

책 제목을 본 느낌	+	작가에 대한 생각

책표지를 보고 든 생각, 책의 전체적인 색감에 대한 생각, 책을 덮으면서 했던 생각, 책을 권해주고 싶은 사람, 책에서 꼭 한 번은 따라해보고 싶은 대사와 그 이유, 책제목 바꿔보기 그리고 바꾼 이유 등 책에 대해 여러 가지 생각을 해본 후 이 중 몇 가지를 골라 써보자. 예를 들어 '작가에 대한 생각+책을 덮으면서 했던 생각+책을 권해주고 싶은

사람' 등을 적은 메모를 가지고 생각에 살을 붙여 쓰면 된다.

이런 방식의 글쓰기는 새로워서 아이들이 흥미로워한다. 그러나 독후감의 '무엇을 쓸까'라는 부분을 해결하기 위한 활동이니 글을 잘 쓰는 것까지 바라진 말자. 무엇을 쓰면 좋을까에 집중해서 질문을 만들고 가볍게 해당 글을 쓴 후 글을 연결하면서 독후감이 된다는 사실을 느끼는 것으로 충분하다.

5단계 – KWL

Know(알고 있는 것)	What to want(알고 싶은 것)	Learned(알게 된 것)
책을 읽기 전에 이 책의 주제와 관련해 내가 알고 있는 것을 정리한다.	책을 읽으며 더 알고 싶은 것을 적거나, 책을 읽고 난 뒤 더 알고 싶어진 것을 생각해본다.	책을 읽고 알게 된 것들을 정리한다.

KWL은 널리 알려진 독서기법으로 배경지식을 활성화하고, 어떤 부분에 집중해서 읽을지와 책을 읽고 난 후 알게 된 내용을 한 번에 정리할 수 있는 전략이다. 특히 정보를 습득하기 위해 책을 읽는 경우 더 유용하다. 자신이 무엇을 알고, 무엇을 모르는지에 대한 자기 점검이 중요한 메타인지 학습법과도 관련되어 있어 익숙해지면 학습력 향상에도 도움이 될 것이다. 학습과 관련된 책을 읽기 전후에 해본다면 독

후감을 쓸 때만이 아니라 책의 내용을 오랫동안 기억하기에도 좋은 독서기록이 될 것이다. 이 전략을 활용하면 책을 읽기 전에 책에 대한 호기심을 높일 수 있으며, 독후감을 쓰기 위한 내용들을 한 번에 정리하는 일석이조의 효과를 가질 수 있다.

책을 읽기 전에 아이에게 이런 의도를 충분히 설명한다. 어렵게 느낀다면 처음엔 하나씩만이라도 칸을 채워보게 하는 것이 좋다. 처음부터 활동 자체를 중요시할 필요가 없다. KWL이라는 방법이 있고, 책을 읽기 전, 중, 후에 생각해야 한다는 걸 알고 있는 것만으로도 충분하다. 책을 읽기 전, 중, 후에 충분히 다른 독서활동을 했다면 가볍게 해보고 지나가도 된다.

문학 vs 비문학 : 책에 따라 쓰기가 다르다

독후감을 쓸 때는 책의 종류에 따라 쓰기 전략이 달라져야 한다. 쓰기 전략이 달라져야 한다는 말은 읽기 전략 역시 달라져야 한다는 의미다. 책의 종류마다 읽는 방법을 나누면 좋겠지만 적어도 문학과 비문학 정도로 나누고, 읽기와 쓰기 전략을 바꿔보자. 문학, 비문학 하면 뭔가 거창한 거 같지만 그냥 우리가 국어시간에 배운 큰 카테고리로 분류한 거뿐이니 어렵게 생각할 것 없다.

문학은 작가의 상상력을 바탕으로 다양한 인물들이 나오고 인물과 인물 간에 생기는 사건과 갈등을 통해 문제들이 해결되면서 주제를 전달한다. 이 책 여기저기에서 독후활동으로 설명한 인물탐구 활동이나 사건을 시간 순서로 정리해보는 활동 역시 아이들이 많이 읽는 문학 작품을 분석하며 제대로 읽기 위한 것들이다. 그러니 문학 작품은 읽을 때부터 인물을 중심으로 인물의 성격을 파악하고, 사건과 사건의 인과 관계를 이해하며, 사건으로 생기는 갈등을 중심으로 읽어야 한다. 이때 시간적, 공간적, 사회적 배경에 대해서도 살펴보며 읽는다면 인물과 사건을 이해하는 데 많은 도움이 될 것이다.

문학작품으로 독후감을 쓸 때도 마찬가지다. 이런 다양한 이해를 바탕으로 자신의 생각과 느낌을 인물이나 사건과 연결해 적절하게 쓰기만 하면 된다. 자신과 비교 대조해서 써도 되고, 주변에서 일어난 일들과 비교 대조해서 써도 된다. 자기 일상과의 연관성이나 영향에 대해서도 생각해볼 수 있다면 완벽한 독서법까지 완성할 수 있게 되는 셈이다.

책을 읽는다는 것은 어떤 식으로든 자신의 삶의 질을 높이기 위한 것이다. 삶에 영향을 끼치지 않았다면 베스트셀러라 하더라도 나 자신에게 좋은 책이라고, 의미 있는 독서라고 할 수 없다. 그러니 독후감을 쓸 때도 자신의 삶에 영향을 준 책 속 인물이나 글들을 자세하게 표현해주는 것이 좋다.

문학과는 다르게 비문학류의 책들은 역사, 과학, 철학 등의 내용을 담고 있다. 비문학은 상상이 아니라 사실과 근거를 바탕으로 하기 때문에 읽을 때도 사실에 주목해서 그에 따르는 주장이나 근거, 새로운 정보 등을 중심으로 읽어야 한다. 사실과 의견, 근거, 설명 등으로 이루어진 비문학은 문학작품에 비해 읽기가 난해한 것이 사실이다. 그러나 초등학생이 읽는 비문학은 대부분 교과 학습과 연결되어 배경지식이 어느 정도 갖춰져 있거나, 없어도 이해하기 쉽게 되어 있어 어른 시각으로 어려울 거라 생각할 일은 아니다. 게다가 각자의 읽기 취향에 따라 누군가는 문학을, 다른 누군가는 비문학의 글을 선호하니 어렵다, 쉽다를 섣불리 판단하지 말자. 글을 읽으며 추론하거나 이미지가 그려지지 않아 어렵게 느낀다면 글에 해당하는 이미지를 찾아보며 다양한 방법으로 이해를 도우면 된다.

비문학 책을 읽고 독후감을 쓸 때는 작가가 말하고 있는 사실과 근거를 찾아 읽는 습관을 들여야 한다. 그래야 독후감을 쓸 때도 작가의 생각과 나의 생각을 나누어서 쓸 수 있기 때문이다. 작가가 주장하는 바를 명확하게 알고 써야 책 속을 채우고 있는 수많은 사실들 속에서 중요한 사실과 근거를 찾아 독후감을 쓸 수 있다.

새로 알게 된 내용만을 적다 보면 책의 내용을 요약한 설명글처럼 되는 경우가 많다. 비문학류의 독후감에서도 책을 읽고 난 후 내 생각의 변화나 의견들이 빠지면 안 된다. 책을 읽으며 들었던 생각을 책의 내용과 연결지어 쓰고, 자신의 생각의 변화도 적어보자. 또 더 알고 싶은 내용을 써보는 것도 좋다.

문학과 비문학을 읽는 방법과 독후감을 쓰는 방법이 조금 다를 수는 있지만 책을 읽고 책의 내용과 함께 자신의 생각과 느낌을 적는다는 점에서는 같다.

05

내가 쓴 독서감상문을 소리 내어 읽게 하라

전문적으로 독서지도를 배우지 않은 부모 입장에서 독후감 쓰기를 지도한다는 게 매우 어렵게 느껴질 것이다. 특히 글을 다 쓴 후 퇴고의 과정에 이르면 더욱 난감해진다. 글을 전문적으로 가르치는 선생님들도 어디서부터 손을 댈지 모르겠다는 소리를 입에 달고 사니 당연하다. 맞춤법, 띄어쓰기 등 기본적인 것을 고치는 데 집중되기 때문에 아이가 어릴수록 글쓰기를 가르치는 게 국어시간이 되기 일쑤다. 어디까지나 주관적인 제안이며, 아이들마다의 학습력이나 독후감의 완성도에 따라 달라질 수도 있지만 일반적으로 9세 이후에 독후감을 쓰고, 퇴고를 가르치는 것이 좋으리라고 생각한다. 독후감을 너무 이른 나이에 쓸 경우 글쓰기에 대한 두려움과 함께 책 읽기 자체도 싫어할 확률이 높기 때문이다.

글을 다 쓴 후 퇴고의 과정 즉 글을 다듬는 과정은 매우 중요하다. 어쩌면 독후감 지도까지는 괜찮지만 퇴고 과정은 전문적인 선생님이 해주는 것이 낫겠다고 생각할 수도 있다. 결론부터 말하면 꼭 그렇지만도 않다. 아이가 중고등학생이라면 퇴고 과정이 어렵겠지만 초등학생인 경우 아이가 먼저 퇴고 과정을 거친 후 마지막 단계에서 부모님이나 선생님이 살짝 도움을 주는 것만으로도 글이 좋아질 수 있기 때문이다.

일단 가장 강하게 추천하는 방법은 소리 내어 읽어보기다. 많은 아이들과 함께하는 수업시간에 아이들 글을 일일이 첨삭해준다는 것은 현실적으로 어렵다. 그럴 때 이 방법을 쓰면 각자 자신의 글에서 고쳐야 할 부분을 찾을 수 있고, 친구들의 글을 들으며 다른 사람의 글쓰기 방법과 다양한 생각과 표현들을 배우게 되기도 한다.

수업시간에 짝꿍에게 자신이 쓴 글을 읽어주라고 하는 방법도 괜찮다. 그냥 읽는 것이 아니라 색깔펜을 들고 읽다가 어색하게 느껴지는 부분을 표시하게 한다. 듣는 사람 역시 어색하거나 고쳐야 한다고 생각하는 부분을 찾으며 듣도록 한다. 이때 듣는 사람의 태도가 중요하다. 읽고 있는 중간에 지적하면 안 된다. 스스로 표시하는 동안 옆에서 문제점을 이야기하면 전체적인 글을 수정하는 것이 아니라 그 부분에만 집중하게 되기 때문이다. 본인도 읽으면서 매끄럽지 않은 곳을 바로 알 수 있고, 수정 사항에 대해 너무 자주 이야기하면 다른 사람 앞에서 글을 쓰거나 읽는 행위에 대해 힘들게 느끼게 될 수도 있다. 그래서 읽는 사람은 어색하거나 수정해야 한다고 느끼는 부분에 원하는 대로 표시할 수 있지만, 듣는 사람은 3곳 이내로 제한을 두는 게 좋다. 또 다른 사람들 앞에서 발표하는 것에 자신감을 가질 수 있도록 반드시 친구의 글에서 좋은 점 2가지 이상을 찾아 칭찬하는 의무사항도 필요하다.

소리 내어 스스로 쓴 글을 읽으면 쓸 때는 몰랐던 어색하거나 매끄럽지 않은 부분에서 머뭇거리게 된다. 잘못 쓴 것을 깨닫고 읽을 때 스스로 고쳐서 읽는 아이도 있다. 소리 내어 읽기는 자신의 글을 객관화시키는 자기점검의 시간이라고 보면 된다. 장기에서 훈수 두는 사람이 장기판의 흐름을 더 잘 보는 것처럼 뭐든 타인이 한 것에서 잘못된 것을 찾는 것은 쉽다. 자신의 글을 마치 다른 사람이 쓴 글처럼 소리 내어 읽으며 글을 점검하고 고쳐 보는 시간을 갖는 것이다. 만약 소리 내어 읽었는데도 수정할 곳을 전혀 찾지 못한다면 독후감 단계가 아니라 그 앞으로 돌아가 문장을 배우는 단계부터 차근차근 다시 시작해야 할지도 모른다.

자기점검의 시간이 지난 후에야 비로소 어른들이 나서서 미숙한 부분에 대한 수정사항을 말해준다. 이때 반드시 기억해야 할 것은 한 번에 2~3가지 이상 지적하거나 수정하도록 하지 말라는 것이다. 어른도 마찬가지다. 어떤 일을 막 배우기 시작한 초보 단계에서 한 번에 10가지씩 수정사항에 대한 지적을 듣는다면 어떨까? 한 가지도 기억하지 못하거나 창피하고 속상해서 배우는 것을 그만두고 싶다고 생각할지도 모른다. 그러니 고쳐야 할 수많은 것 중 제일 중요하다고 생각되는 걸 먼저 고치도록 해보자. 그리고 그것이 고쳐지면 다음 단계로 넘어가도록 한다. 그래야 글을 쓸 때의 부담도 없고, 고쳐야 할 부분도 완벽하게 고쳐질 수 있을 것이다.

소곤소곤

사실 너무 이른 나이에 독후감을 쓰게 하는 게 쉽지는 않은데 요즘은 유치원에서부터 독서록을 작성하고, 초등 저학년들이 독후감을 쓰는 것을 자주 본다. 독후감을 쓰는 연령대가 낮아진 것은 사실인 듯하다. 그러나 글을 다 쓴 후 퇴고하는 과정은 빨라도 9살쯤 시작하라고 권하고 싶다. 글을 읽고 이해하며 자신이 쓴 문장이 틀렸음을 알 수 있을 나이가 되어야 하기 때문이다.
그럼 이제 9살부터 시작하는 글의 퇴고 요령을 알아보자. 퇴고할 때 어떤 것부터 고쳐야 하는지 우선순위가 궁금할 것이다. 순서를 지키는 것은 큰 의미가 없다. 아이의 글을 읽다가 가장 문제라고 생각하는 것부터 고쳐도 되지만, 이 순서로 진행하면 훨씬 빨리 글이 점점 매끄러워지는 것을 느낄 수 있다. 단, 한 번에 한 가지 문제만 그리고 그 한 가지가 충분히 수정될 때까지 기다려야 한다는 것을 기억하자.

1. 문장의 어미를 고쳐준다.

문장의 맨 끝부분 '~합니다, ~한다' 등의 어미 부분을 통일시키는 것만으로도 글의 완성도가 훨씬 높아진다.

2. 시제를 맞게 고친다.

시제가 어색하면 내용 전달도 어렵다.

3. 문장의 호응을 살펴본다.

문장에는 호응관계라는 것이 있다. '왜냐면'이 나오면 '~때문이다'로 끝나야 하고, '눈과 바람이 불었다'는 '눈이 오고, 바람이 불었다' 식으로 어색한 부분을 찾아 고쳐야 한다.

4. 어휘의 적절성

적절한 어휘를 사용했는지도 살펴보자. 만약 '때려주고 싶었다'라는 문장이라면 비슷한 의미인 '패주고 싶었다'라고 쓸 수도 있지만 그 느낌이 매우 다르다. '열나 화났다'라는 말은 아이들이 주로 쓰는 말이지만 글을 쓸 때는 '화가 많이 났다'라고 누구나 이해하기 쉽게 써야 한다. 비속어, 은어, 유행어 등을 사용하지 말고 글을 쓰는 것이 좋다는 것을 알려준다.

5. 단문과 장문

저학년이라면 단문과 단문들이 모여 글이 완성되는 경우가 많다. 이럴 때 적절히 단문과 단문을 이어 한 문장으로 묶어주는 연습을 시키는 것이 좋다. 반대로 너무 긴 장문일 경우라면 단문과 중문 정도로 나누거나 중문, 중문으로 나누어 읽고 이해하기 쉽게 하는 것이 좋다.

6. 맞춤법, 띄어쓰기

이런 식으로 많은 것들이 고쳐졌다면 이제 맞춤법과 띄어쓰기를 수정하자. 글쓰기를 가르치는 것인지 한글을 가르치려는 것인지 알 수 없을 정도로 맞춤법과 띄어쓰기에 집중하는 글쓰기 지도는 문제가 있으니 주의해야 한다.

13 - 그림으로 음악으로 다양하게 표현하기

이번 활동은 책을 읽고 글을 쓰거나 대화를 하는 게 아니라 자신의 생각이나 느낌을 다른 영역으로 표현해보는 활동이다. 책을 읽고 느끼는 것을 다시 글로 표현하는 것은 많은 도움이 되지만 솔직히 아이들이 신나게 즐길 만한 것은 아니다.

글을 쓴다는 것은 자신의 생각을 글로 표현하는 표현 행위며, 표현 행위에는 음악, 미술, 몸동작 등 다른 다양한 방법이 있다. 책을 읽은 후 독후감을 쓰는 것에서 벗어나 다양한 영역을 선택해 표현해보는 활동은 아이들의 호기심과 흥미를 높이면서 무엇보다 아이들의 표현력을 높일 수 있다는 점에서 중요하다. 그림을 지도할 때도 같은 그림을 종이의 크기를 달리해서 그려보도록 한다. 종이 크기만을 달리했을 뿐인데도 아이들은 그림 그리는 자세부터 사용하는 재료까지 크기에 따라 창의적인 방법을 보여준다.

1. 책을 읽은 후의 느낌을 다양한 영역으로 표현해볼 수 있음을 이야기해준다.

2. 음악으로 표현하거나, 한 장의 그림 혹은 몇 컷의 만화로, 표어나 포스터로도 표현할 수 있으니 어떻게 표현할지 아이와 함께 생각해보자. 동화책이 애니메이션으로 나오거나 시를 써서 음악을 만든 경우 등을 알려주고 함께 해본다.

3. 자신이 표현할 영역을 찾은 후 선택한 이유를 이야기한다.

4. 영역에 맞추어서 책의 어떤 부분을 표현할 것인지 이야기한다.

5. 자신이 선택한 영역의 특성을 생각해본다. 한 장의 그림으로 나타내려고 했다면 그냥 책의 한 장면을 그리기 위한 것인지 한 장으로 책의 모든 것을 나타내기 위한 것인지 생각해보는 식이다.

6. 자신이 정한 것에 맞추어서 표현한다.

7. 책을 표현할 때의 힘든 점이나 잘 되었다고 생각하는 점을 이야기해본다.

14 - 전체를 보는 눈을 키우는 카드뉴스 만들기

우리는 뉴스를 통해 세상에서 일어나고 있는 소식들을 알게 된다. 대부분은 신문이나 텔레비전의 뉴스 프로그램을 이용하지만, 최근에는 새로운 기술들이 등장하면서 디지털 기기들을 이용하기 시작했고 카드뉴스도 그중 하나다. 카드뉴스는 간략하게 한 페이지에 글과 함께 이미지를 제공하는 형태다. 물론 카드뉴스만으로는 정보를 모두 다 전달하는 데 한계가 있지만 독서지도에서는 그 한계가 도움이 되기도 한다. 이미지와 함께 책의 핵심 내용만을 정리해야 하기 때문이다.

아이들은 글쓰기를 한다면 무조건 힘들다는 하소연부터 시작한다. 글쓰기가 힘들다는 인식이 너무 강하게 박혀 있기 때문인데, 책을 읽고 요약하라는 활동 역시 똑같이 받아들인다. 그러나 요약하는 활동은 책을 읽은 후 해야 하는 중요한 부분이다. 책을 읽고 책의 내용을 카드뉴스로 만들어보는 독서활동은 요약이 학습처럼 느껴진다는 부담을 덜어줄 수 있다. 또 책을 몇 장의 카드로 요약정리하기 위해 이미지와 글을 정리하다 보면 스토리를 구성하는 힘까지도 생긴다.

1. 카드뉴스를 보여주고, 카드뉴스가 나오게 된 배경에 대해 이야기해준다.

"스마트폰으로 뉴스 검색할 때 나오는 이미지하고, 글이 한 장으로 나오는 게 카드뉴스야. 옛날에는 뉴스를 보기 위해 신문이나 텔레비전 뉴스 프로그램을 봤지만 요즘 사람들은 각자 컴퓨터나 스마트폰으로 뉴스를 보는 경우가 많아서 한눈에 쏙쏙 잘 들어오라고 만든 게 카드뉴스래. 그렇지만 자세한 뉴스가 궁금하다면 아마도 카드뉴스가 아니라 신문 등 다른 뉴스를 함께 봐야 하겠지."

2. 책을 읽고 카드뉴스를 만들 때 어떤 것을 중심으로 만들지 고민해본다. 예를 들어 흥부놀부를 읽고 카드뉴스를 만든다면 흥부, 혹은 놀부의 입장에서 만들지 아니면 객관적인 입장에서 만들지 주제를 정해보는 것이다. 주제에 맞춰 뉴스의 제목까지 정해보자.

3. 다른 카드뉴스를 보며 형태를 고민한다. 일반적으로 카드뉴스는 모바일의 크기에 따라 1:1로 정한다. 개별 사이즈는 아이의 글씨 크기나 이미지 크기 등을 고려해 아이가 어리다면 크기를 크게, 고학년이라면 작게 정해도 좋다. 또 카드뉴스의 매수도 정하자. 일반적으로는 10장 이내를 추천하지만 이야기 상태와 아이가 원하는 것에 따라 가감하면 된다.

4. 카드 매수에 맞추어 어떤 이야기를 넣을지 미리 예상해서 정리한다.

5. 이야기에 맞는 이미지를 생각해본다. 이미지는 손으로 직접 그리는 형태가 가장 좋지만 어울리는 사진이나 이미지를 찾을 수 있다면 무엇이든 가능하다.

6. 글과 이미지를 어떤 위치에 넣을지 고민해본다.

7. 자신이 정리한 것을 바탕으로 관련 이미지를 준비해서 카드뉴스를 만든다.

15 - 글을 베끼다 마음까지 베끼는 필사 노트

'필사'는 독서활동 중 가장 어렵지만 먼 훗날까지 가장 도움이 되는 독서활동이다.

즐겨 읽는 책에서 두 쪽을 필사해보라. 먼저 펜으로 옮겨 쓴 다음 컴퓨터 키보드로 입력해보라. 베껴 쓰기는 천천히 한다. 구두점 하나까지 원본 그대로 베껴야 한다. 이 연습의 목적은 저자가 의도한 정신적 경로를 그대로 따라가는 데 있다. (중략)
한 번 베끼는 것으로도 충분하지만, 그 과정에서 매력을 느꼈다면 계속해보는 것도 좋다. 여러 작가와 여러 장르의 글들을 원하는 만큼 베껴보라. '나도 J.K.롤링처럼 쓰고 싶다'고 말한다. 롤링처럼 쓰기 전에 롤링의 글을 베껴라. 마법처럼 당신 앞에 문이 열릴 것이다.

— 《베껴 쓰기로 연습하는 글쓰기 책》, 명로진, 타임POP, p39

베껴 쓰기는 지금은 물론이고 먼 옛날부터 대대로 전해 내려온 독서와 글쓰기 비법이라고 할 수 있다.

> 허균의 독서는 3단계로 진행됐다. 먼저 책을 읽고 그중에서 좋은 문장을 메모했다. 다음에 메모된 것을 내용별로 분류해 책을 만들었다. 이렇게 엮어진 게 생활교양서인 《한정록》이다. 《한정록》에는 독서에 관한 내용을 많이 소개하고 있다.
>
> -《평범한 자녀를 최고의 인재로 키워낸 조선 명문가 독서교육법》, 이상주, 다음생각, p114

베껴 쓰기는 좋은 글을 읽기만 하는 것이 아니라 쓰면서 글자 하나하나까지 되새겨 보는 과정이다. 만약 책 한 권을 베껴 써보았다면 책이 어떻게 구성되어 있는지도 알 수 있겠지만 책을 읽고도 미처 의미를 생각해보지 못했던 부분을 찾을 수도 있다. 물론 어린아이들이니 책 한 권을 모두 베껴 쓰는 것까지는 힘들 것이다. 그러나 부분 부분이라도 어려서부터 이런 습관을 들인다면 책을 자신의 것으로 남기는 최고의 활동이 된다.

1. 독서 기록장을 만들 때처럼 마음에 드는 필기도구와 공책을 준비한다. 여러 번 반복해서 써야 하기도 하고 오랫동안 간직해야 하는 공책이므로 표지가 어느 정도 두꺼운 게 좋다.

2. 처음에는 책을 읽으며 마음에 들어 밑줄을 그어 놓은 문장을 베껴 적는다.

3. 자신이 베껴 적은 문장 밑에 베껴 적는 이유와 자신의 생각을 함께 적어둔다. 힘들다면 좋은 이유만을 간단하게 적어도 좋다.

4. 글을 베껴 쓴 날짜를 적는다.

5. 집안 식구들이 다 볼 수 있도록 붙여두거나, 복사해서 엽서로 만들어본다.

행복한 아이를 만드는 독서지도 베이스 캠프

〈책 속의 책〉
초보 엄마들이
궁금해하는
10가지 케이스
스토리

01

만화책만 보는데 어떻게 해야 하나요?

아이들의 독서에 관련된 학부모 질문 중 답하기에 가장 고민이 되는 질문이 이것이다. 학부모들의 표현이 과장되어 있는 경우가 있어서 진짜 만화책만 보는 건지, 그게 아니라면 일반책과 만화책을 보는 비율이 어느 정도이기에 만화책만 본다고 말하는 것인지 알 수 없다. 부모가 볼 때만 우연히 보는 것을 두고 만화책을 하루 종일 본다고 과장해서 표현하는 경우도 있을 수 있다. 또 어떤 종류의 만화책인지 알 수 없다는 문제도 있다. 봐서는 안 되는 만화책을 보는 것인지 아니면 연령에 맞는 만화책인데 단순히 만화책이라는 것이 문제인지도 알아야 한다. 게다가 정말 만화책만 본다고 해도 만화책만 보는 이유가 정확하게 무엇 때문인지 알 수 없으니 무조건 나쁘다, 좋다 대답하기 힘들다.

따라서 만화책만을 보는 진짜 이유가 무엇인지 찾는 것이 선행되어야 할 과제라고 생각한다. 만화책만 보는 이유가 글을 읽는 게 힘들어서인지, 글을 읽으면서 상상되는 게 없어 재미를 느끼지 못해서인지 등 여러 이유로 만화책을 선호할 수도 있기 때문이다. 이유가 무엇이든 정말로 '만화책만' 본다면 어떤 식으로든 해결해야 하는 것이 맞을 것이다. 만화책만을 선호할 때 생기는 가장 큰 문제점은 점점 글을 읽는 것을 싫어하게 된다는 것이다. 또 그림만 보고 이야기를 파악하는 습관 때문에 생각하며 읽는 것을 힘들어하게 되어 다른 학습에서도 어려움을 겪는다.

일단 부모가 만화책에 대해 어느 정도 자세히 알 필요가 있다. 선정적인 내용이 있거나 폭력적인 만화, 여러 가지 면에서 아이들의 정서에 문제가 되는 만화는 애초에 연령에 맞지 않아 읽지 말아야 하는 책이니 논의할 가치가 없다. 여기서는 과학이나 사회, 역사 학습과 연계된 초등 만화책 시리즈에 대해 설명하려 한다.

이런 만화책들은 기획 단계에서부터 정확한 콘셉트와 기획 의도를 가지고 시작한다. 예를 들어 주제가 화석이라면 본격적으로 들어가기 전에 기본 개념이나 어휘에 대한 것을 재미있게 배울 수 있도록 하려는 의도하에 제작된다. 학습에 대한 흥미도 높아지고 기본적인 개념들에 대한 이해가 되어 있으니 학습력도 향상시킬 수 있다는 것이다. 만화책뿐만이 아니라 참고서나 동영상 강의 등의 목차를 통해서도 이 과정을 확인할 수 있다. 대부분 본 학습에 들어가기 전인 앞부분에서 개념 설명이나 학습에 대한 흥미를 높일 수 있는 것을 준비한 후 본 학습에 들어간다. 따라서 만화책은 그 자체로 학습효과를 준다기보다는 애피타이저처럼 본 학습에 쉽고, 재미있게 들어갈 수 있기 위한 장치다.

만화책의 기획 의도를 알았다면 만화책만 읽는 이유가 무엇이든 다음 단계로 넘어가는 것에 대한 준비를 해주지 못했다는 반성이 필요하다. 물론 부모가 해주지 않아도 화석에 대한 만화책을 읽고 직접 화석을 보러 가고 싶다고 말하거나 서점에서 화석에 대한 책을 찾아 그다음 단계로 자연스럽게 올라가는 경우도 있다. 하지만 그런 경우가 많지 않으니 부모가 체험학습이나 서점 나들이를 통해 관련 분야의 책들을 추천해주는 수고가 필요하다.

만화책을 읽는다고 지나치게 걱정할 필요는 없다는 말도 해주고 싶다. 우리나라 최고의 대학을 나온 선생님 중 한 분이 '인생에서 필요한 모든 것을 만화책을 통해 배웠다'고 하는 걸 보면 읽는 이에 따라 만화책의 깊이가 달라지기도 하는 모양이다. 그 선생님은 같은 또래들끼리 만화를 보며 대사를 줄줄 외워 비슷한 상황에서 사용할 정도로 심취해 있었고, 무협 만화의 주인공이 무림고수가 되기 위해 고통스럽게 수행하던 모습을 떠올리며 게으른 마음을 억누르고 공부하곤 했다고 한다.

아이를 관찰한 결과 만화책만 보는 이유가 글을 읽고 이해가 되지 않아서라고 느껴진다면 아이와 함께 번갈아 가며 책을 읽는 연습을 하는 것도 좋다. 번갈아 책을 읽다가 아이가 문장을 매끄럽지 않게 읽는 부분에 주목해보자. 단어가 낯설어서인지 글을 읽는 게 익숙하지 않아서인지 이유를 찾을 수 있을 것이다. 또 책에 나온 글귀 하나를 가지고 어떤 의미가 있는지 함께 생각해보는 등 문장 이해에 대한 연습을 하면서 글을 읽는 훈련을 시키는 것도 도움이 된다.

앞서 이야기한 대로 만화책이 선정적이거나 폭력적인 내용, 가치관에 문제가 되는 내용을 담고 있다면 문제는 전혀 다르다. 가랑비에 옷 젖는 줄 모른다는 표현처럼 가끔이라도 올바르지 않은 것에 노출된 뇌는 쉽게 그런 영향을 받아 입력시켜 버린다. 자녀를 키우는 부모 입장이든 아이들을 가르치는 선생 입장이든 이 말이 주는 진리가 자주 느껴진다. 요즘처럼 매체가 발달된 시대에서는 가랑비에 옷이 젖는 정도가 아니라 물을 뒤집어쓰는 정도로 젖을 것이기 때문이다. 그런 나쁜 경우가 아니라면 만화책만 보는 걸 나무라지 말고 함께 읽으며 다음 단계로 넘어갈 수 있도록 흥미를 유발하기 위해 노력해야 한다.

02

책을 언제까지 읽어줘야 하나요?

유치원이나 저학년 부모들이 참으로 많이 하는 질문이다. 아쉽게도 고학년이나 중고등 학부모가 이런 질문을 하는 걸 본 적이 없다. 이런 질문이 나오지 않는다는 것은 초등 고학년이나 중고등의 경우 부모가 책을 읽어주지 않는 걸 자연스럽게 여긴다는 의미일 것이다. 다음 글을 읽으며 상상을 해보자.

약간은 어두운 침실에 남녀가 누워 있다. 이때 남자가 여자에게 말한다.

"오늘 힘들고 지치는 일이 많았을 텐데 내가 해줄 수 있는 게 별로 없네. 내가 당신 속상한 거 잊고 편안하게 잠들 수 있도록 책을 읽어줄게요."

드라마도 아니고 어찌 이런 상상을 할 수 있냐고 할지도 모른다. 그래도 나름 최대한 상상력을 동원해서 상상해보자. 과연 여자는 편안하게 잠들었을까? 속이 상한 채로 잠들었을까? 답은 쉽다. 그렇다면 '책 언제까지 읽어줘야 하나요'에 대한 답도 나왔을 것이다. 내 아이에게 책을 읽어줘야 하는 시기는 내가 사랑하는 동안 내내가 답이다. 계속 읽어주고 싶어도 언젠가는 훌쩍 커버린 아이들이 들어주지 않을 순간이 온다. 그러니 읽어주기를 바랄 때 읽어주고 또 읽어주어야 한다.

함께 생각해봐야 할 중요한 부분은 언제까지 책을 읽어주어야 하는지를 고민하는 이유다. 아마도 읽어주는 행위에 대해 잘못 이해하고 있기 때문은 아닐까 싶다. 대부분 처음 책을 읽어주기 시작하는 시점은 글을 몰라 스스로 책을 읽을 수 없을 때였을 것이다. 글을 읽을 수 있게 되고, 학년이 올라가면 책을 읽어줄 필요가 없다고 생각한다. 간혹 책을 가까이하지 않는 모습을 보이면 책을 읽어라도 줘야겠다고 생각하는 듯하다. 읽어주는 이유는 말 그대로 책을 읽히고는 싶은데 아이 스스로 읽지 않으니 나라도 읽어줘서 책에 있는 정보도 얻고, 책을 좋아하는 아이로 만들자는 교육적인 차원이었을 것이다. 이런 경우를 제외하면 결론적으로는 대부분은 글을 혼자 읽을 수 있는 시기가 되면 혼자 책을 읽는 게 너무나도 당연한 일이라 여긴다.

그러나 그런 이유로만 읽어주지는 말았으면 한다. 책은 사람과 사람을 잇는 소통의 매개체이며, 알 수 없었던 세상을 보여주는 창이다. 아이와 나의 관계에 책이라는 매개체가 존재하는 것이 중요하다. 공유할 수 있는 경험이기도 하고, 대화로 이어지고, 생각을 나눌 수 있게 하는 '좋은 이야깃거리, 생각거리'가 된다.

그런 면에서 베드사이드 스토리는 다양한 교육적인 효과도 있고, 정서적인 면에서도 뛰어난 선택이라고 생각한다. 그러나 사실 베드사이드 스토리가 책이어야만 하는 것은 아니다. 옛날 할머니들처럼 책 없이도 이야기를 구수하게 들려주는 것이 더 좋을지도 모르고, 하루 동안 있었던 일 중 아이에게 들려주고 싶은 이야기를 해주는 것으로 마무리해도 될 것이다. 시간을 함께하는 것, 이야기를 공유하는 것, 사랑을 느끼는 것은 책에서 얻는 정보와 지식, 상상력보다 더 중요할 수 있다.

그러니 책을 읽어준다는 것에 대한 의미를 다시 생각해보고, 책을 읽어주는 동안 아이와 자신에게 일어나는 변화를 살펴보자. 학교 수업에서 아이들에게 책을 읽으라고 했을 때와 책을 읽어주고 난 후의 반응을 보면 혼자 읽을 때보다 읽어주기를 했을 때 집중도가 높기도 했고, 상상한 후 질문을 더 많이 하기도 했다. 책을 읽어주고, 읽어주는 책을 듣고 서로 교감하고 있음이기도 하다. 혼자 읽을 때와는 다른 뇌가 작동한다. 사랑하는 누군가가 읽어주는 이야기를 듣다 잠이 든 아이가 정서적으로 느낄 안정감을, 상상의 나래를 펴다 잠이 드는 달콤함을 생각해보자. 그리고 책을 읽어주는 자신이 느끼는 평안한 마음과 훈훈한 마음까지도. 그러니 이제 우리가 사랑하는 그날까지 쭉 읽어줘버리자!

글밥이 많으면 읽기 힘들어해요

'글밥'이라는 말을 처음 들었을 때 누가 만들었는지 딱 안성맞춤이라는 생각을 했었다. 밥을 먹으면 육체가 성장하고 에너지를 얻는 것처럼 책을 읽으면 지적인 면에서든, 정서적인 면에서든 성장할 테니 글을 밥이라고 표현한 것은 정말 정확하다.

아이가 편식하는 이유는 여러 가지 원인이 있다. 어려서 먹었던 음식이 아니어서 그런 경우도 있고, 유전적으로 싫어하는 맛이거나 요리하는 사람의 솜씨가 없어서 그럴 수도 있고, 워낙 입이 짧아 먹는 양이 적어서일 수도 있다. 독서도 마찬가지다. 책을 읽기 싫어하는 이유는 여러 가지다. 특히 글밥이 많은 책을 읽기 싫어하는 이유는 무엇보다 잘 관찰하고 판단해야 한다. 글이 긴 책을 싫어하는 이유가 단지 읽기 귀찮아서라는 것은 추상적인 의사 표시일 뿐 원인으로는 부족하다.

일단 글을 읽으면서 이미지가 잘 안 그려진다는 이유가 대표적일 것이다. 글밥이 많아진다는 것은 글의 양만 늘어나는 것이 아니다. 늘어난 글의 양만큼 어휘의 수준도 높아지고, 표현에서도 다양한 수사적인 기법이 나타난다. 그러니 그 정도의 문장 이해력이 뒷받침되지 않는다면 글을 읽어도 무슨 말을 하는지 알 수 없으니 읽기도 힘들고 그만큼 점점 읽기도 싫어진다. 어설픈 영어 실력을 가지고 원서를 읽는다고 상상해보면 이해하기 쉬울 것이다.

또 집중력에 문제가 있는 경우도 있다. 초등학생인 경우 아이를 판단하는 일반적인 기준은 나이 즉 학년이다. 4학년이니까 이런 책을 읽고, 이런 식의 문제는 풀 수 있을 것이라 생각한다. 그러나 독서는 문해력만이 아니라 집중력도 필요하다. 독서력 즉 독서를 한 시간이 얼마인지에 따라 차이가 난다. 같은 4학년이라도 책을 많이 접해보지 않은 아이와 늘 책을 가까이하며 읽었던 아이는 서로 다른 집중도와 이해력을 가지고 있다. 그러니 아이의 독서능력에 따라 집중할 수 있는 분량과 독서시간을 잘 생각해봐야 한다.

만약 어떤 수준의 글밥이 있는 책을 읽혀야 하는지 독서능력을 테스트해보고 싶다면 전문가를 찾는 방법도 있지만 가장 손쉽게는 연령에 맞춰 놓은 교과서를 읽어보게 하면 된다. 교과서는 학년에 따라 이해할 수 있는 어휘와 문장들로 구성되어 있다. 그러니 교과서를 읽는데 어려움을 느끼거나 이해도가 떨어진다면 아이의 글을 읽는 수준이 자신의 나이나 학년보다 떨어지거나 늦되다고 판단할 수 있을 것이다.

나의 경우 가끔 아이에게 근래에 가장 재미있게 후딱 혹은 한 번에 읽은 책이 무엇인지 물어보곤 한다. 여기에서 '후딱' 혹은 '한 번에'가 중요한데 이렇게 읽은 책이 아이의 현재 독서 수준을 알려줄 단서가 되기 때문이다. 쉽게 읽었다는 것은 그 정도는 이해하는 수준이라고 생각할 수 있다. 자신의 단계보다 너무 낮은 것은 재미도 없고 유치하다고 표현하고, 자신이 읽기에 어려운 책은 재미가 없었다고 표현하는 경우가 많다.

그러니 무턱대고 학년에 따라 추천해주는 책을 읽으라고 할 것이 아니라 읽기 능력을 향상시킨 후 아이에게 맞는 책을 읽혀 읽기의 즐거움을 알도록 해야 할 것이다.

04

저학년 때는 읽기를 좋아했는데 고학년이 되니 너무 안 읽어요

책 읽기만이 아니라 학습 면에서도 이런 질문이 많이 나온다. 저학년일 때는 공부를 잘했는데 고학년이 되면서 공부를 열심히 하지 않는다는 하소연이다.

이 질문에 답하기 전에 먼저 저학년과 고학년의 차이가 뭔지 생각해보자. 많은 차이가 있겠지만 그중 하나를 고르자면 고학년의 경우 축약어나 한자어 등 어느 정도 지식에 기반을 둔 읽기 능력이 필요하다는 점이다.

저학년이 읽어야 하는 것들은 일반적으로 그 나라에 태어나 모국어를 익힌 사람이라면 누구나 읽고 이해할 수 있는 자동언어이며 기본언어, 수용언어라고 할 수 있다. 그러니 말 그대로 아무런 지식이 없어도 그 나라에서 자랐다면 읽고, 이해할 수 있는 것들이다.

그러나 학년이 올라가면서 읽기에 필요한 언어가 달라진다. 교양언어, 추상언어, 고급언어, 표현언어가 필요한 것이다. '을미사변'이라는 단어는 기본언어와 수용언어, 자동언어와의 중간에 '학습'이라는 단계를 거치지 않으면 이해할 수 없는 것이다. 추측하거나 상상해서 이해할 수 있는 언어가 아니다. 반드시 학습이라는 단계를 걸쳐야만 이해가 가능하다. 게다가 평화니 자유니 하는 눈으로 볼 수 있는 것이 아닌 어휘들 역시 학습을 통해 머릿속 상상으로 이해해야 하는 추상적인 어휘들이다.

여기에서 말하는 학습, 즉 기본언어에서 교양언어로 넘어가기 위해 필요한 학습이란 꼭 국, 영, 수 같은 교과서를 통해 배운 것만이 아니라 책이나 대화를 통해 알게 되는 것들이 포함된다는 점에 주의하자.

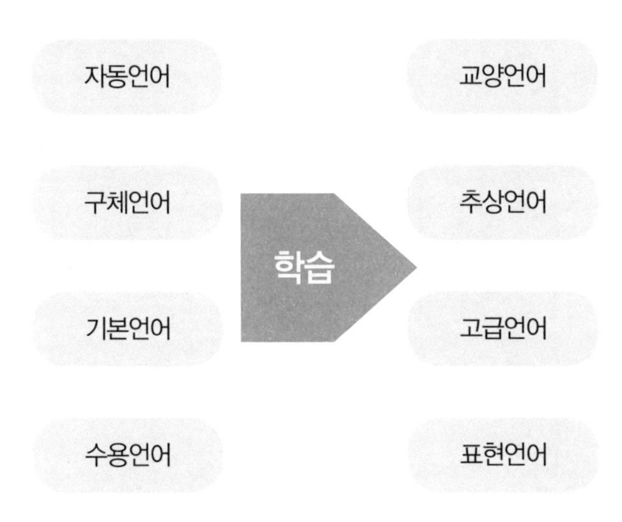

저학년에서 고학년으로 올라오면서 학습이라는 단계를 통해 노력하지 않으면 일반적인 고학년 교과서나 추천도서들을 읽고 이해하기란 어렵다. 예를 들면 영어의 알파벳만 알고 간단한 문장 정도만을 배운 사람이 전체가 영어로 된 책을 읽는 기분이라고 이해하면 될 것이다. 아이가 책 읽기를 싫어한다면 앞서 이야기한 것처럼 교과서를 읽으면서 아이의 어휘력이 아직도 7세 이전에 배운 언어에 멈춰 있는 것이 아닌지 꼭 확인해봐야 한다.

책을 어떻게 골라 줘야 하나요?

평소 책을 많이 읽는 사람이라도 다른 사람에게 책을 골라준다는 것은 어렵다. 더구나 자기가 읽지 않은 책일 경우 누군가에게 적절한 책이라고 추천하기란 더 쉽지 않다. 그런데 갑자기 아이가 책을 골라 달라고 하거나 고른 책이 어떠냐고 물어보면 당황스러울 것이다. 모른다고 말하거나 그냥 알아서 하라고 하기엔 너무 무책임하게 느껴지고, 그렇다고 모든 책들을 미리 읽어볼 수도 없으니 난감하다.

이런 경우를 위해 파라텍스트(para-texte)를 알아두면 도움이 된다. 파라텍스트는 제라르 주네트가 처음 사용한 것으로 제목, 저자, 장르, 서문, 발문, 각주 등 본문(주 텍스트)을 보완하는 텍스트를 의미한다. 그러니까 본문을 읽기 전에 본문을 이해하기 위한 장치로 준비해둔 것이라고 생각하면 된다. 이런 파라텍스트를 이용해서 즉석에서 책을 고르는

데 도움을 받을 수 있다. 사실 우리는 파라텍스트를 모르고 있었다 해도 이미 이를 활용하고 있기도 했다. 우리가 책을 고를 때 가장 먼저 책의 표지를 보고 관심을 가진 후, 책표지에 있는 추천사를 읽어보기도 하고, 목차를 보기도 하고, 작가에 대한 정보 등을 읽어본 후 책의 구입 유무를 판단한 것이 그것이다.

사실 이런 방법들은 자신의 책을 고를 때도 매우 유용하다. 정리해 보면 부모 자신의 책이나 아이들의 책을 고르기 위해서는 우선 책의 제목과 표지를 보고 책의 내용을 상상해본다. 그 이후에 작가에 대해 읽어보고, 책의 서문이나 추천의 말을 통해 어떤 내용의 책인지 생각해본다. 만약 시간이 된다면 목차를 꼼꼼히 살펴보고, 책 리뷰 등을 읽어보는 것도 도움이 된다.

학부모 강의에서 책을 고르는 방법에 대해 들었던 어떤 학부모는 아이와 직접 서점에 나가서 2~3번에 걸쳐 아이에게 책 고르는 법을 가르쳐주었다고 한다. 그 후 서점에 갔더니 아이가 자신이 알려준 방법 그대로 책을 골랐다. 고른 책을 읽어보니 나름 아이가 파라텍스트를 읽고 추론한 대로의 내용을 담고 있어 아이도 뿌듯해했고, 부모님 역시 칭찬을 아끼지 않았다는 말을 전해줬다. 그 이후엔 서점에 가서 자신이 고른 책이 재미있거나 의미 있는 책이라고 여겨지면 엄마에게 책 이야기를 많이 하게 되어 대화도 많아졌다고 한다. 이런 것을 보면 책을 고를 때 아이에게 고르는 방법을 설명해주고 골라보게 하는 것도 아이가 책에 관심을 갖게 하는 일이라 생각된다. 이런 방법을 어린 시절부터 배운다면 어른이 되어서도 좋은 책 혹은 필요한 책을 고르는 일이 어렵지 않을 것이다.

무엇보다 좋은 것은 먼저 읽고 나중에 아이와 함께 읽거나, 읽히고 싶다는 생각이 든 책을 추천하는 것이다. 책을 추천하면 책에 대해 함께 나눌 이야기도 풍부해지고, 책을 읽는 방법이나 책을 읽고 생각해 봐야 하는 내용들도 이야기해줄 수 있다. 결국 책을 골라주기 어렵다고 느끼는 것은 책을 많이 읽지 않았거나 책과 친하지 않기 때문에 그런 게 아닌가 싶다.

책을 많이 읽는 게 좋은 건가요?

책을 많이 읽어야 하는지 아닌지는 사실 제일 어려운 질문이다. 책을 많이 읽는 것에도 장단점이 있기 때문이다. 나의 경우를 이야기하자면 책을 많이 읽는 경우 어떤 책들은 비슷한 내용이 반복되는 것처럼 느껴지는 것들도 있고, 어떤 때는 너무 흡사해서 시간 낭비라는 생각이 들기도 한다. 거기에 책의 내용이 내 생각과 다르거나 전혀 이해할 수 없는 경우 책을 읽으면서 혼란스럽기까지 했었다. 쇼펜하우어의 말처럼 어쩌면 책을 읽는다는 것은 타인의 생각 찌꺼기를 머리에 담는 것과 같은 행위일지도 모른다. 그러니 한 권이라도 제대로 읽고 인생의 도움이 되었다면 그것도 좋을 것이고, 다독을 해서 많은 지식을 쌓고 언변도 늘었다며 그것도 좋을 것이니 어떤 하나를 선택하기란 쉽지 않다.

이 경우 아이들을 혼내면서라도 책을 많이 읽혀야 하는지, 아니면 적당히 읽혀도 되는지에 대한 질문일 것이다. 이런 고민을 하게 된 이유는 주변에서 다독을 한 아이들이 공부도 잘한다거나 다독을 통해 영재가 되었다는 식의 내용을 전하는 미디어의 영향 때문이 아닌가 싶다. 어쨌든 이 질문에 대한 가장 현명한 대답은 독서가 습관이 될 정도로 읽히면 좋다 정도다. 독서가 습관이 되어 평생독서가가 될 정도로 읽힌다면 좋다.

다독이 정답이 될 수 없는 이유는 어떤 책은 한 달 내내 두고 두고 생각하며 읽어야 하고, 어떤 책은 한 번쯤 재미있게 읽고 지나가도 되기 때문이다. 아이들이 즐겨있는 동화책 같은 경우 이야기에 흡입력이 있어 몇 시간만에도 뚝딱 읽어치우기도 한다. 그리고 사실 그렇게 해도 나쁘지만은 않다. 그러나 고전이라 불리는 책들을 읽을 때는 다르다. 《논어》라면 한 번에 후딱 읽고 말 책이 아니기 때문이다. 문장의 의미를 곱씹어 생각해보고, 할 수만 있다면 토론을 통해 이해한 의미와 현대에서 갖는 의미 등에 대해서도 생각해보는 등 슬로우리딩이 필요하다. 어쩌면 제대로 읽기 위해 몇 달이 걸릴 수도 있을 것이다.

그렇다고 다독이 필요하지 않다는 말은 아니다. 한편으론 정독하면서도 다양하게 많은 책을 읽을 수 있다면 편식하지 않고 골고루 먹는 아이처럼 여러 면에서 균형감을 가질 수 있을 것이다. 그러니 다독이냐 정독이냐를 고민하는 것보다는 아이의 평생 습관이 될 수 있도록 읽기를 열심히 하되 책에 따라 정독을 하기도 하고, 재미있게 읽고 지나가기도 하는 등 지혜로운 읽기를 선택하면 된다.

같은 책만 계속 읽겠다고 해요

"정말 줄기차게 공룡책만 읽어 달라고 해요. 글을 읽을 줄 모르는데 마치 글을 읽는 애처럼 줄줄 책을 외울 정도라니까요. 게다가 같은 장면에서 늘 같은 질문을 해요. 애한테 무슨 문제가 있는 건 아닌지 걱정될 정도예요."

아이들이 어리면 어릴수록 이런 식으로 같은 책만 계속 읽는 것에 대해 걱정스러워하는 부모님을 많이 만난다. 그러면 나는 늘 대답 대신 되묻곤 한다.

"같은 책을 읽는 게 왜 문제라고 생각하시나요?"

당황하는 모습들이 역력하다. 질문하는 부모님 입장에서 어떻게 이런 게 고민이 아닌지 이해하지 못하는 듯하다. 그런데 진심으로 묻고 싶은데 같은 책만 읽는 게 왜 걱정이 될까?

"같은 책을 계속 읽어줘야 하니까 너무 힘들어요. 같은 책을 읽으며, 같은 질문을 계속하니까 지치기도 하고, 애한테 문제가 있나 걱정도 돼요."

"책을 골고루 읽지 못하니까 안 좋은 거 아닌가요?"

몇몇 부모들의 대답 중 하나다. 물론 책을 읽어주는 양육자가 힘들기 때문에 이런 고민을 하는 것만은 아니라고 생각한다. 부모들 입장에서는 같은 책만 읽으려 하는 아이들의 태도가 지식을 편식하는 느낌을 준다. 지식을 편식하니 아이의 사고력 혹은 학습 등에 부정적인 영향을 줄 것이라는 생각으로 불안해하며 다양한 책을 읽히려고 한다.

아마도 책에 대한 관점 차이가 아닐까 한다. 사고력 향상이나 학습력 향상, 창의력 향상 등의 수식어로 책을 대하는 부모들의 태도와 아이들의 태도가 다른 것이다. 아이 입장에서 책은 지식의 보고도 간접경험을 할 수 있게 하는 그 무엇도 아니다. 책은 그저 다양한 놀이 중 하나고, 이야기보따리일 뿐이다. 책을 읽히는 부모가 생각하는 것처럼 책을 신성하게 여기지 않는다.

어린아이들이 유아기에는 밥을 맘마라고 한다거나, 과자를 까까라고 하는 식으로 유아들의 언어를 사용해서 말한다. 하지만 이런 아이들의 언어 습관에 대해 일정 나이가 되기 전까지는 밥이라고 제대로 말해야 한다며 정색하며 정정해주지 않는다. 아이가 자라면서 유아기의 언어 역시 성장에 맞추어서 변할 것이라 믿기 때문이다. 그런 부모들이 책만은 성인들의 생각에 맞추려 하고 있다. 책을 지식의 보고로 보고 있기 때문인데, 책을 다양하게 많이 읽으면 사고력도 높아지고, 지식도 많아지고, 학습력도 좋아지고, 나중에도 책을 많이 읽게 될 것이라 믿는다.

같은 책을 읽는 이유는 매우 다양할 것이다. 엄마가 읽어줄 때 제일 재밌었기 때문일 수도 있고, 다른 책보다 그림이 맘에 들어서일 수도 있다. 부모가 생각하는 것처럼 같은 책을 반복해서 읽으려는 아이들의 행동은 문제가 되지 않는다. 언어 발달에도 시기가 있는 것처럼 아이들의 책을 읽는 단계도 발달의 시기, 변화의 시기가 있다. 어린 시절의 책 읽기는 평생독서습관을 들이기 위한 친해지기 단계다. 즐겁고, 신나게 읽고, 몸으로 즐기는 책 놀이를 통해 아이들의 모든 추억에 자리 잡을 수 있도록 해주면 좋지 않을까 한다.

독후감을 꼭 써야 하나요?

사실 독후감에 대한 질문은 부모들보다 학생들이 하는 경우가 많다. 부모 역시 학생들의 볼멘소리가 반복되니 하는 질문이다. 만약 하나의 답을 골라야 한다면 나의 경우 써야 한다에 가깝다. 독후감을 쓰게 하려는 이유가 무엇인지 잘 생각해본다면 왜 나의 답이 꼭 써야 한다가 아니라 써야 한다에 가깝다라고 하는지 이해하리라 생각한다.

아이들이 생각하는 것처럼 독후감은 아이를 괴롭히기 위해 쓰는 것이 아니다. 또 글쓰기 실력을 향상시키기 위해서도 아니다. 독후감은 말 그대로 독서 후의 감정을 표현하는 것이 목적이다. 책을 읽고, 읽은 책에 대해 생각하는 시간을 갖고, 책을 읽기 전후에 생각이 어떻게 달라졌는지 등을 적은 감상문인 것이다.

지금 당장 1년 전에 혹은 지난달에 읽었던 책에 대해 물어본다면 어느 정도나 기억할 수 있을까? 책만이 아니라 영화도 드라마도 마찬가지다. 우리는 모두 망각하는 뇌를 가졌기 때문에 대부분 내용의 절반 정도를 기억하기도 쉽지 않다. 그러나 책을 읽고 토론을 했거나, 글을 써보았다면 그보다는 더 많이 기억할 수 있을 것이다. 어쩌면 줄거리는 잊었을지라도 자신이 책을 읽고 느낀 점이나 생각한 것에 대해서는 기억할지도 모른다. 그런 이유에서 고등학생들의 경우 독서활동 기록을 자세히 쓰도록 권하기도 한다. 대학입학 면접을 볼 때 자신이 감동깊게 읽은 책이나 진로를 위해 읽은 책에 대한 질문을 받기도 하기 때문이다. 이때 고1, 2 때 읽었던 책인 경우 기억이 희미하다. 그럴 때 자신이 써 놓은 독서활동 기록을 다시 읽으면 기억을 떠올리게 된다.

독서감상문을 쓴다는 것은 책을 읽고 체화하는 과정이라고 볼 수 있다. 책을 읽는 것이 의미가 있으려면 자신의 것으로 되어야만 한다. 책을 읽기 전과 후가 아무 차이가 없다면 독서의 의미가 없다. 그런 의미에서 독서감상문을 쓰거나 독서토론을 하거나 하는 일은 전혀 생각해보지 않았던 책의 내용들을 자신의 것으로 만드는 과정이다. 글을 쓰거나 토론하기 위해 책의 내용을 더 많이 생각해보고, 음미해보게 되며 다양한 관점에서 생각해보게 된다. 책을 많이 읽는 것보다 한 권의 책이라도 아니 한 문장만이라도 살아서 가슴에 남아 있어야 한다.

그러니 써야 하나 말아야 하나 고민하지 말고 책을 제대로 읽기 위한 하나의 과정으로 독후감을 이해하고, 남기도록 하자. 독후감이 책을 다 읽고 하는 행위긴 하지만 책을 읽는 과정 중 하나라고 생각하면 쉽다. 책 읽기에 반드시 독후감이 포함되어야 한다는 말이다. 글쓰는 것이 부담스럽다면 한 줄 메모도 좋고, 대화로 혹은 그 무엇으로라도 책을 읽은 후에 체화 과정을 거치도록 해야 한다.

09

그림책은 저학년만 읽는 게 아닌가요?

이런 질문을 하는 이유는 그림책에 대한 고정관념이 자리 잡고 있기 때문이다. 그림책은 그 자체의 가치보다 평가절하된 경우가 많다. 어린이들의 순수함을 담은 책이라고 평가되는 것이 아니라 글을 읽는 데 미숙하거나 사고 수준이 높지 않은 아이들이 읽는 책이라는 인식이 크다. 그런 이유에서 저학년에서 중학년이나 고학년으로 올라가게 되면 자연스레 그림책이 아닌 글밥이 많은 책을 선택하도록 강요되곤 한다. 그림책은 저학년이 주로 접하는 책이라는 이런 편견들로 인해 아이들도 일정 학년이 되면 그림책을 읽지 않고 보는 것이라고 여기며 밀어두게 된다. 그런데 정말 그럴까?

그림책에 대한 여러 가지 편견은 책을 읽는 성향에 대해 생각해보지 않았기 때문이기도 하고, 우리의 뇌에 대한 이해가 부족하기 때문이기도 하다. 나의 경우 추리소설이나 연애소설은 잘 읽지 않는다. 특별한 이유가 있어서가 아니라 읽으면서 재미를 느끼지 못하기 때문이다. 게다가 이런저런 이유로 슬픈 내용의 책 역시 선택하지 않는다. 이런 것을 '독서 취향'이라고 한다. 음식 취향처럼 독서에 있어서도 취향이라는 것이 존재한다.

나의 독서 취향 중 하나가 그림책이다. 그림책은 그림이 글을 대신하는 책이기도 하고, 글을 보조해서 그림이 존재한다고 볼 수도 있다. 물론 그림만 존재하는 그림책도 있지만 일단은 그림책에 대한 설명이 필요한 부분이 아니니 열외로 하자. 어쨌거나 완벽하게 글로 모든 것을 설명하는 것이 아닌 그림과 글이 공존하는 책이다. 과거에는 어린아이들만을 대상으로 하는 그림책이 주를 이루었다. 내용면에서도 순수한 동심을 다룬 게 많았다. 현대의 그림책은 순수한 동심만이 아니라 성역할, 죽음, 배려, 왕따 등 모든 연령대의 사람들에게 필요한 정서와 철학을 담고 있다. 이런 그림책은 읽으면서 많은 상상과 서로의 생각으로 여백을 채울 수 있다. 글이 없으니 더 많은 질문을 할 수 있는 셈이다.

"내 꼬리처럼 뭔가가 네 몸에 생긴다면 뭐가 생기면 좋겠니?"
"이 그림을 보면 어떤 생각이 나?"

그림책, 글밥이 많은 책, 저학년, 고학년이 중요한 게 아니라 읽을 때 어떻게 읽고 읽은 후 생각하는 시간을 갖는지에 따라 달라질 수 있다.

"우리가 읽는 책이 우리 머리를 한 대 쳐서 우리를 잠에서 깨우지 않는다면, 도대체 왜 우리가 그 책을 읽는 거지? 책이란 무릇, 우리 안에 있는 꽁꽁 얼어버린 바다를 깨뜨려버리는 도끼가 아니면 안 되는 거야."

— 카프카, 《변신》

어떤 책을 읽는지에 따른 독서 그 자체가 중요한 것이 아니라 자신에게로 와 용해가 되는 것이 중요한 것이다. 삶의 변화 없이 독서를 외쳐대는 것은 의미가 없다. 그러니 학년이 아니라 아이의 상황에 따라 적절한 그림책을 읽으며 생각을 깨우는 것도 좋을 것이다.

전집과 단행본 중 어떤 게 나을까요?

'좋을 수도 있고 아닐 수도 있고'

전집과 단행본에 대한 질문을 받을 때면 세상 어떤 일에나 딱 맞는 이 답이 생각난다. 어쨌든 전집과 단행본 둘 다 장단점이 있기 때문에 무엇이 좋다, 나쁘다 흑백으로 나누어 말하는 것은 매우 어렵다. 가장 좋은 것은 보완해서 책을 사는 것이겠지만 질문하는 학부모들은 둘 중 하나를 원하는 경우가 많다. 내게 한 질문이니 굳이 나의 경우로 답해 본다면 단행본을 선택하는 쪽이다. 읽고 싶은 책을 골라서 읽는 자유를 느끼고 싶어서다.

우리 집은 쇼핑할 때도 한 번에 많이 사서 쟁여두지 않는다. 그때그때 필요한 것이 달라지기도 하고 쇼핑하는 재미도 있기 때문이다. 책도 그렇다. 처음에 전집을 살 때는 야심만만하게 책을 읽고 똑똑해진 우리 아이의 모습을 상상하며 뿌듯하겠지만 시간이 좀 지나면 집에 있는 책은 책이 아닌 장식품처럼 별반 의미 없이 느껴질 것이다. 늘 보는 것이니 새로움이 없어 읽고 싶은 욕구가 흐려진다. 이것이 전집이 가지고 있는 최대 단점이다. 전집을 사되 비밀공간에 숨겨 놓은 후 단행본인 것처럼 한 권씩 야금야금 꺼내놓고 호기심을 자극하며 읽히는 방법 등을 찾아야 한다.

단행본이라고 단점이 없는 것은 아니다. 책을 고르는 게 즐거움일 수도 있지만 번거로움일 수도 있고, 전집처럼 꼼꼼히 기획되어 나온 것이 아니니 책 읽는 분야나 내용이 한쪽으로 치우칠 수도 있다. 또 전집은 여기저기서 할인하지만 단행본은 비싸다.

이런 비교는 사실 크게 중요하지 않다고 생각한다. 전집과 단행본의 장단점을 비교하기도 어렵지만 둘 다 책이니 일단은 가치가 있다. 결국 가장 중요한 기준은 아이가 그 책을 좋아하느냐 아니냐다. 전집을 사주는 목적이 책을 좋아하기 때문에 사주는 것인지, 책을 좋아하라고 사주는 것인지가 중요하다는 말이다. 만약 후자라면 전집을 사주었다고 책이 좋아지지는 않는다. 오히려 책을 좋아하지도 않는데 전집의 압박까지 준다면 책을 읽어야 하나, 말아야 하나 갈등하던 마음조차 싹 사라질지도 모른다. 그러니 엄마도 아이도 모두 행복하려면 우리 아이가 책과 어느 정도 친한지에 따라 전집과 단행본의 비율을 정하고, 책의 양도 정하는 것이 좋을 것이다.

| 에필로그 |

엄마는 독서교육의 롤모델이다

저게

저절로 붉어질 리 없다.

저 안에는 태풍 몇 개,

저 안에 천둥 몇 개,

저 안에 벼락 몇 개,

– 장석주, 〈대추 한 알〉 중

세상에 그 무엇도 저절로 되는 일이 없다는 걸 알 나이다. 아이를 낳아 키우는 일은 말할 것도 없다. 처음 엄마가 된 후부터 지금까지 엄마라는 이름이 힘들지 않은 날이 없었다. 어느 드라마의 대사처럼 어느 날은 날이 좋아서, 또 어느 날은 날이 흐려서...

사랑이 아니었다면 그 수많은 날들 태풍과 천둥과 벼락 속에서 어찌 대추 한 알을 키워낼 수 있었을까. 대추 한 알조차 저절로 붉어질 수 없는데 말이다. 그러니 나도 그리고 지금 이 책을 집어 든 누군가도 어쩌면 사람을 낳아 키워야 하는 일에 겁이 없었던 것인지도 모른다.

'엄마'라는 이름은 아름답다 못해 떠올리는 것만으로도 눈시울이 붉어진다. 가슴이 벅차다. 나 역시 엄마지만 엄마는 누군가를 사랑이라는 이름으로 키우고, 먹이고, 가르치는 사람이다. 이 책을 쓰는 내내 고민하게 하고, 선뜻 쓰기 어려웠던 '엄마'라는 단어는 모든 아이를 위하는 사람을 뜻하는 말로 썼다는 말을 하고 싶었다. 길가에 아이가 혼자 울고 있다면 그때 나는 그 아이의 엄마가 되어야 한다.

아이를 키우며 세상에 자장가가 부족하다는 생각을 한 적이 있다. 잘 부르지 못하는 노래 실력도 속상했다. 아마도 아름다운 소리로 아름다운 노래를 불러주고 싶었나 보다. 직접 아이의 독서교육을 하기 위해 책을 집어 든 당신도 그때의 내 마음과 같으리라 짐작해본다. 주변에 좋은 선생님들이 넘쳐난다지만 뭔가 우리 아이에게만은 세상에 없는 것을 해주고 싶다는 마음 말이다.

사실 독서지도는 이런 생각 하나만으로도 충분하다. 엄마가 책을 읽어주고, 아이의 책 읽는 소리를 재미있게 들어주기만 해도 충분한 것이다. 더 이상 무엇이 필요할까. 책을 읽고 책 이야기를 하거나 독후감을 쓰지 않아도, 깊이 있게 제대로 된 분석이 아니어도 좋은 것이다. 아이의 삶에서 책은 그 자체로 스승이 되기도 하고, 위로가 되기도 하고,

친구가 되기도 할 것이다.

이 책은 이런 의도로 시작했다. 우리 아이의 삶에서 힘든 일이 생길 때 아무리 생각해봐도 누구 하나 위로해줄 사람이 없을 때, 무엇이 문제인지 모를 때 언제든 집어 들 수 있는 존재로 책을 남겨주고 싶었다. 이 책을 덮는 순간 우리 아이에게 줄 수 있는 최대의 선물이 독서습관이라는 것을 믿을 수 있길 바라며 마친다.

교실밖 교과서 시리즈 No.24
국어 어휘력이 밥이다
예비중학생 중학생
고등 국어 1등급 중학 국어 만점 프로젝트, 한자 어휘
국밥연구소 지음
논술토론수능 必독서

교실밖 교과서 시리즈 No.25
교과서 어휘력이 밥이다
중학생 고등학생
고등 국어 1등급 중학 국어 만점 프로젝트, 교과서 개념어
국밥연구소 지음
개념어 667

국어 독해력이 밥이다

고등 국어 1등급
중학 국어 만점 프로젝트,
문해력

국밥연구소 지음 | 14,800원

국어가 밥이다

고등 국어 1등급
중학 국어 만점 프로젝트,
국어 공부법

국밥연구소 지음 | 14,800원

독서가 밥 먹여 준다